至高の名言

The Daily Book of Positive Quotations

リンダ・ピコーン
弓場隆 訳

Discover

The Daily Book of Positive Quotations © 2008 Fairview Health Service.
Translated from the English language edition of
The Daily Book of Positive Quotations, by Linda Picone,
originally published by Fairview Press, an imprint of
The Rowman & Littlefield Publishing Group, Inc., Lanham, MD, USA.
Copyright © 2007.

Translated into and published in the Japanese language by arrangement with
The Rowman & Littlefield Publishing Group, Inc.
through The English Agency (Japan) Ltd.

はじめに

本書には世界中の賢者たちによる人生訓が集められている。しかも、その内容は多岐にわたる。たとえば、元気が出るもの、愉快なもの、刺激的なもの、教育的なもの、精神的なもの、などなど。

互いに相反する意味合いのものもいくつかある。しかし、本書の目的は、生き方に関する画一的な指針を示すことではなく、日常のいろいろな局面で参考になる多様な価値観を紹介することだ。

本書を通じて、新しい考え方にふれたり、すでに知っている考え方を確認したりすることになる。いずれにせよ、繰り返し読めば、思いがけない発見につながるだろう。豊かな人生を送るうえで、本書が一助になることを願ってやまない。

リンダ・ピコーン

Contents

第1部

人生を切り開く

人間の運命はときには真冬の果樹に似ている。その寒々しい枝を見ると、ふたたび葉が茂り、花が咲き、果実が実るとは到底思えないが、やがてそれは必ず現実になる。

ゲーテ（ドイツの作家）

人生がうまくいかないと、「もう何をしてもダメだ」という気持ちになりやすい。しかし、そんなふうに思い込んでしまうと、現状を打開するための行動を起こしにくくなる。

人生を振り返れば、よい時期と悪い時期があったことがわかる。悪い時期を乗り切って状況が好転した経験は誰にでもあるだろう。時間が解決してくれた部分もあるかもしれないが、自分が積極的に行動を起こしたことも要因になったはずだ。

人生は誰にとっても生やさしいものではない。しかし、それがどうしたというのか。私たちはいかなるときでも不屈の精神を貫くべきだ。そして自分が何らかの才能を持っていることを確信し、成果をあげるために全力を尽くさなければならない。

マリー・キュリー（ポーランド出身のフランスの科学者）

人生で目標を達成できなかったことについて、私たちはいろいろな言い訳をする。たとえば、「お金がなかった」「時間がなかった」「チャンスがなかった」「途中で問題が発生した」「支援が得られなかった」「幸運に恵まれなかった」などなど。

たしかに一部の人は生まれつき幸運に恵まれているように見えるかもしれない。しかし、彼らの多くは私たちよりずっと過酷な境遇を乗り越え、言い訳をせずに不屈の精神でやり抜いたのである。

今日がどんなにピンチでも、明日になれば笑い話だ。

H・G・ウェルズ（イギリスの作家）

ピンチのさなかにいるときでも、いつかそれを笑うことができると思えば、気が楽になる。それを笑うことができるのは、ピンチだと思っていたことがそんなに深刻ではなかったからだろう。あるいは、ピンチを切り抜けて、より強くなったから笑えるのかもしれない。

大切なのは倒れるかどうかではなく、起き上がるかどうかだ。

ヴィンス・ロンバルディ（プロアメリカンフットボールのコーチ）

赤ちゃんが歩き方を学ぶ様子を観察しよう。初めて歩くようになると、何度も倒れる。泣くこともあるが、すぐに泣きやんで再挑戦する。自分の足で歩いて世の中を探検したいという衝動が、赤ちゃんをかり立てるのだ。

大人になってもその積極性を維持できれば、どんなに素晴らしいことだろうか。ところが、私たちは失敗するたびに落胆し、「やっぱりダメだ」と思い込んで、次の一歩を踏み出すのをためらう。たしかに挑戦すると失敗する可能性がある。しかし、粘り強く努力して成功した経験を思い出して、何度も挑戦しよう。

私は失敗したのではない。うまくいかない一万通りの方法を見つけることに成功したのだ。

トーマス・エジソン（アメリカの発明家）

私たちは「失敗」という言葉を自分の語彙から排除すべきだ。努力の結果を成功か失敗に分けて考えるのはよくない。人生はそれほど単純ではないのだ。

たとえば、赤ちゃんが最初の一歩を踏み出すときに転んだら失敗したことになるだろうか。もちろん、そんなことはない。転倒は学習のプロセスに不可欠だから避けることができないのだ。

成功とは、度重なる失敗を乗り越えて、情熱を失わずに挑戦を続けることだ。

ウィンストン・チャーチル（イギリスの政治家）

私たちはなんと簡単に失望するのだろうか。何かに挑戦して、うまくいかなければ、がっかりしてすぐにあきらめてしまうのだ。

もしエジソンがそんなふうにあっさりあきらめていたら、人類は白熱電球を利用することができなかったかもしれない。もしライト兄弟が一度か二度の墜落であきらめていたら、飛行機旅行の実現は何年も遅れただろう。

多くの発明家は度重なる失敗を乗り越えて、情熱を失わずに挑戦を続けた。現在、私たちが文明の恩恵に浴しているのは、彼らの粘り強い努力のおかげである。

挑戦して失敗してもかまわない。挑戦するたびに、前回より上手に失敗すればいいのだ。

サミュエル・ベケット（アイルランド出身のフランスの劇作家）

私たちは人生でいやというほどたくさん失敗する。いくら教訓を学んでも失敗することがあるが、けっして落胆してはいけない。大切なのは、同じ失敗を繰り返さずに、創意工夫をしながら前回より上手に失敗することだ。

困難から脱出する最善の方法は、精いっぱい努力して困難を乗り切ることだ。

ロバート・フロスト（アメリカの詩人）

残念ながら、困難な状況から脱出する簡単な方法はない。いくら探しても、そんなものは見つからない。結局、精いっぱい努力して困難を乗り切るしかないのだ。

そうやって私たちは痛みに耐えて生き残る。そしてある日、過去を振り返りながら、「あのときはつらかったが、なんとか乗り切ることができた」と感慨にふける。痛みはすぐには消えないかもしれないが、時間の経過とともに徐々に消えていく。

人はみな何が正しいかを知っている。難しいのは、それを実行することだ。

ノーマン・シュワルツコフ（アメリカの軍人、陸軍大将）

私たちは困難な状況に直面すると、優柔不断な態度をとることがある。しなければならないとわかっていることをするのがいやだからだ。きっと面倒なのだろう。あるいは、努力を惜しんでいるのかもしれない。

そこで私たちはすべきことを先延ばしにし、困難な状況から抜け出せることを祈る。しかし、それはたいてい何の役にも立たない。なぜなら、正しいとわかっていることを実行していないからだ。それを実行していれば、途中で苦しくなっても、確固たる信念を持って前進を続けることができる。

偉人とは、挑戦を続けた凡人にすぎない。

クリストファー・モーリー（アメリカの作家）

はたから見るといつも順風満帆のようでも、とんとん拍子で頂点までのぼり詰めた人はめったにいない。ほとんどの成功者は経験を積み、間違いを犯しながら一歩ずつ階段をのぼっていったのだ。

あきらめたら、その時点で確実に敗退する。失敗がどんなにつらく、他の人たちがどれほどうまくいっているように見えても、成功にたどり着くためには、不平を言わずに挑戦を続ける必要がある。

間違いを犯さないことは人間の力では不可能だが、賢者はその間違いから未来を切り開く知恵を学ぶ。

プルタルコス（古代ギリシャの哲学者）

犯してきた間違いが履歴書に書かれていないのは、とても残念なことである。なぜなら、間違いは成長と変化の機会を提供してくれるからだ。

もちろん、間違いを犯すのは誰でもいやなものだが、それを避けて通ることはできない。だから、間違いを犯しても卑下する必要はない。大切なのは、間違いを犯さないことではなく、間違いから何を学ぶかということだ。

この世の中で改善できる唯一のものは、自分自身である。

オルダス・ハクスリー（イギリスの作家）

私たちはどうすれば世の中がよりよくなるかについて、いろいろなアイデアを持っていて、それを聞いてくれる人に教えたがる。さらに、それを聞きたがっていない人にまで教えたがる。たとえば、生き方や働き方について、「こうすべきだ、ああすべきだ」と説教するのがそうだ。

しかし、そのアイデアがどんなに素晴らしくても、興味のない人にとっては大きなお世話である。だからそんなことをするより、そのアイデアを自分の人生に応用したほうがはるかに有益だ。きっとよりよい人間になって社会の役に立つ存在になることができるだろう。

人はみな素晴らしい能力を秘めている。だから自分の強みを信じ、「やればできる」と繰り返し唱えよう。

アンドレ・ジッド（フランスの作家）

私たちは常に自分の能力を信じる必要がある。そうしなければ、「どうせ無理だ」というネガティブな思いに押しつぶされてしまう。

自分にポジティブに語りかけることは驚くほど効果がある。ところが、私たちはそれを驚くほど頻繁に忘れている。

強くてポジティブな心の姿勢は、どんな妙薬よりも多くの奇跡を生み出す。

パトリシア・ニール（アメリカの女優）

ポジティブな心の姿勢が体に好ましい影響を与えることは、誰もが経験的に知っているとおりだ。研究によると、ネガティブな心の姿勢よりポジティブな心の姿勢を貫いたほうが、病人は早く回復することがわかっている。

ポジティブな心の姿勢そのものが病気を治すわけではないのかもしれないが、少なくとも治癒に役立つことはたしかである。ポジティブな心の姿勢が病気のときに役立つのなら、健康なときも好ましい影響をもたらすはずだ。

あなたは生まれたときに泣き、世の中は喜んだ。
あなたが死んだとき、世の中が泣き、
自分は満足して喜べる生き方をしよう。

ホワイト・エルク（アメリカの実業家）

たとえ大富豪や有名人でなくても、周囲の人に受け継がれる立派な精神的遺産を築く必要がある。

あなたは最期を迎えたあとで家族や友人からどう思われたいか。彼らは現在のあなたをどう思っているか。このふたつの差が、残された人生で埋めるべき課題である。

ユーモアは、重苦しい雰囲気を一瞬で吹き飛ばす力を持っている。

マーク・ヴァン・ドーレン（アメリカの詩人）

ユーモアのセンスとは、自分を笑い飛ばす能力のことだ。ユーモアのセンスがなければ、世の中は非常に陰うつな場所になる。

しかし、ユーモアのセンスがあれば、自分の身に降りかかった災難を愉快な小話に仕立て上げることができる。そして、それを他人に言うだけでなく、自分に言い聞かせることによって、人生で起こりうるどんな不幸にも耐えられると確信することができる。

どんなに多くの人が「どうせ無理だ」と言おうと、「やればできる」と自分に言い聞かせて奮起しようではないか。

ウォーリー・エイモス（アメリカの実業家）

他人の失敗談は大いに参考になるが、私たちはそれを聞いて、やってみたらうまくいくかもしれないことを思いとどまることがよくある。

人びとは「どうせ無理だ」と口癖のように言う傾向がある。自分の経験をもとにそう言っているのかもしれないし、はじめからそう思い込んでいるのかもしれない。

しかし、やり方を工夫すれば、成功にたどり着く可能性がある。あるいは、失敗をきっかけに成功する方法がわかることもある。

私は自分こそが最強だと何度も言えば、自分が本当に最強だと世の中に確信させることができることに気づいた。

モハメド・アリ（アメリカのプロボクサー、元世界ヘビー級チャンピオン）

堂々と部屋に入り、胸を張って歩き、顔に笑みを浮かべよう。自信にあふれた態度をとると、周囲の人の目には非常に魅力的に映る。

「成功するまで、成功しているふりをしろ」という教えがある。実際に成功するまで、成功しているかのように振る舞え、という意味だ。だから、たとえ自信がなくても、自信があるかのように振る舞えばいい。やがて本当に自信を持つことができる。

行動を起こす人は問題をすんなり解決できる。なぜなら、うまくいかなかった場合のことを心配して時間を浪費することがないからだ。

ノーマン・ヴィンセント・ピール（アメリカの牧師）

私たちは問題を解決しようとしないことについて、いろいろな理由を挙げる。その中で代表的なのは、「うまくいかないかもしれない」だ。私たちはそんなふうに思い悩んだ挙句、優柔不断に陥って何もしないことがよくある。

一方、うまくいっている人は速やかに行動を起こす。もちろん、それが問題解決につながるとはかぎらないが、やってみないかぎり、どんな問題も解決しない。

困難な課題に取りかかるときの姿勢が、最終的な成否を分ける。

ウィリアム・ジェームズ（アメリカの心理学者、ハーバード大学教授）

困難な課題に直面すると、ほとんどの人が言い訳をする。たとえば、「手に負えない」「難しすぎる」「時間がかかる」「面倒だ」などなど。

しかし、そういう後ろ向きの姿勢で困難な課題に取りかかると、成果をあげることは絶対にできない。

どんなに困難な課題であろうと、前向きな姿勢で一生懸命にやればできる。私たちに必要なのは、「何があろうと、必ずやり遂げる」という決意だ。

ユダヤの格言

荷物を軽くしてほしいと要求するより、ひたすら自分を鍛えよ。

問題に対処するすべを身につけることは、ウェイトトレーニングをするのに似ている。なぜなら、体力と同じように精神力も鍛えれば強くなるからだ。

問題を待ち望んでいる人はいないが、どんな人でも必ず問題に直面する。しかし、たとえ問題が起きても、それに対処できるだけの精神力を持っていれば、どんなピンチでも乗り越えることができる。

困難は私を破壊しないかぎり、私をより強くしてくれる。

フリードリヒ・ニーチェ（ドイツの哲学者）

困難は私たちをより強く、より賢くしてくれる。もちろん、それを知っているからといって、困難な時期を乗り切るのがたやすくなるわけではない。しかし、この真実をしばしば思い起こすことは非常に有意義である。

私たちがより強く、より賢くなるのは、単に困難な時期を経験するからではなく、それを機に自分の力を最大限に発揮するからだ。私たちは忍耐や勇気、ユーモアのセンスを通じて、自分に秘められた底力に気づくのである。

誰もが人生でたびたび失意を味わう。
しかし、他人や社会のせいにせずに挑戦を続けるかぎり、
勝機は必ず訪れる。

ジョン・バローズ（アメリカの博物学者）

人生ではうまくいかないことがよくある。一生懸命に努力して挑戦を続けても結果が出なければ、絶望的な気持ちになりやすい。

そんなとき、私たちは他人や社会のせいにしがちである。そして延々と不平を並べ、ついに努力するのをやめてしまう。

しかし、それでは永遠に道は開けない。自分が投げやりになっていることに気づいたら、すぐに気持ちを切り替えて挑戦を続けるべきである。

安楽な暮らしをしているかぎり、人格は磨けない。試練と苦悩によってのみ魂は強くなり、大志は育まれ、成功をたぐり寄せることができる。

ヘレン・ケラー（アメリカの社会運動家）

誰もが安楽な暮らしを願っている。しかし、困難な時期を乗り切ることによって、人格は磨かれるのである。

私たちが称賛する人たちは、何もせずにすべてを与えられた人たちではない。彼らは長きにわたって人知れず研鑽を積み、苦しみながらやっとのことで成功にたどり着いた人たちである。

ほとんどの人がチャンスを逃す理由は、それが努力を必要としているように見えるからだ。

トーマス・エジソン（アメリカの発明家）

他の人たちがチャンスをつかんで幸運に恵まれているのに、自分だけが取り残されているように思えることがある。他の人たちがときおりチャンスをつかんでいるのは事実だが、私たちもチャンスをつかむためにもっと努力すべきだ。

就業時間が終わったあと、スキルアップに励んでいるだろうか。私たちはいろいろな理由をつけて努力を惜しみがちだが、チャンスをつかむためには日ごろから人一倍の努力をする必要がある。

幸運の女神は、普段から準備をしている者のところにだけ訪れる。

ルイ・パスツール（フランスの化学者）

生まれつき幸運に恵まれている人はごくわずかしかいない。私たちがうらやんでいる人たちの大半は、幸運が訪れるように普段から準備し、首尾よく幸運をつかんできたのだ。私たちも幸運が訪れるように普段から勉強し、アンテナを張りめぐらせて情報を収集して、成功を収めることができる状況をつくっておくべきである。そうしなければ、いつまでも不運にさいなまれることになりかねない。

他人に香水をふりかければ、自分もその香りを楽しむことができるのと同様、他人を幸せな気分にすれば、自分もそれによって幸せな気分に浸ることができる。

ラルフ・ワルド・エマーソン（アメリカの思想家）

私たちがボランティア活動をし、入院中の友人を見舞い、愛する人に贈り物をするのには理由がある。そうすることで自分も幸せな気分に浸れるからだ。実際、人に親切にすると、自分のほうが相手よりも大きな喜びを感じることもある。

たとえ義務感から始まった行動だとしても、それは相手に恩恵をもたらすだけでなく自分にとっても喜びとなる。大きなことでなくてもいい。相手を思いやる気持ちが伝わるなら、簡単なことでも大きな力を発揮する。

どんなことでも細かく分ければ、特に難しくはない。

ヘンリー・フォード（アメリカの実業家、フォード・モーターの創業者）

放っておくと、デスクの上に書類の山が積み上がり、流し台にお皿がどんどんたまっていく。職場でも家庭でも用事が多すぎて、どこから手をつけていいかわからず、困惑するばかりだ。

しかし、やっかいな課題を一度で処理する必要はない。書類の山は少しずつ片づけ、たまったお皿は一枚ずつ洗えばいいのだ。そうすれば、面倒な用事は簡単になり、それをやり終えて爽快感を得ることができる。

自分がどこに向かって進んでいるかがわかっていないなら、要注意だ。
結局、どこにも到着できない可能性が高い。

ヨギ・ベラ（元米大リーグの名捕手）

人生について明確な展望を持っているだろうか。ささいな出来事に振り回されているだけではないだろうか。

自分がなりたいものや成し遂げたいことがはっきりわかっていないなら、能力を存分に発揮することはできない。私たちは日々の活動が自分の長期的な目標に合致しているかどうかを見きわめる必要がある。

人びとはよく「時間がたてば問題は解決する」と言うが、実際には自分で積極的に問題解決に取り組まなければならない。

アンディ・ウォーホル（アメリカの画家）

私たちは問題に直面すると、「時間が解決してくれる」と期待しがちだ。そして、「半年か一年もたてばなんとかなるから、それまで待てばいい」と考える。

しかし、たいていの場合、いくら待っていても何も解決しない。だから率先して問題解決に取り組むほうが得策だ。

幸いなことに、半年や一年も待つ必要はまったくない。問題解決に向けて今すぐに行動を起こせばいいのだ。

よいアイデアを思いつくための最善策は、できるだけ多くのアイデアを思いつくことだ。

ライナス・ポーリング（アメリカの化学者）

私たちは自分で思っているよりずっと創造性に富んでいるのだが、せっかく思いついたアイデアを軽視してしまいやすい。しかし、それではうまくいかないし、もったいないし、少しも楽しくない。

よいアイデアを実行に移す勇気を持とう。そうすれば、自分を驚かせ、喜ばせることができる。たとえそれによって成果があがらなくても、自分の豊かな創造性に目覚めることができる。

人間は心の姿勢を変えることによって自分の人生を変えることができる。

ウィリアム・ジェームズ（アメリカの心理学者、ハーバード大学教授）

ビジョンやイメージトレーニング、ポジティブ思考など、どんな呼び方をしてもいい。とにかく自分が達成したい目標を思い描くことが重要だ。

もちろん、考えているだけでは何も起こらない。しかし、いったんビジョンを持てば、そのビジョンを現実にするために行動を起こすことができる。

たとえ練習中でも、私は必ず頭の中でショットの軌道の鮮明なイメージを抱きながらボールを打つようにしている。

ジャック・ニクラウス（アメリカのプロゴルファー）

軌道や強さを考えずに漫然とゴルフのボールを打っているかぎり、いつまでたっても上達しない。超一流のゴルファーはそれと正反対のことをする。彼らは頭の中で理想的なショットをイメージしながらボールを打つのだ。そうすることによって、体はそのイメージを現実にするために必要な動作をスムーズにおこなうことができる。

目標の達成もそれと同じことだ。頭の中でそのプロセスをはっきりとイメージしながら成功に向かって前進すれば、目標を達成する可能性を飛躍的に高めることができる。

思い切って何かをやってみれば世界が開ける。

ノーマン・ヴィンセント・ピール（アメリカの牧師）

私たちは失望しないように、期待を低くしたり挑戦を避けたりすることがある。たしかに正当な理由もあるが、そのために人生を限定していることもある。

たとえ失望する可能性があっても、自分の心の声に耳を傾けよう。そうすれば、それまで経験できなかった世界が開けてくる。たとえば、ワクワクする仕事の機会を得たり、素晴らしい人とめぐり会ったりするのがそうだ。

第2部

感謝の気持ちを持つ

日々をどう過ごすかは、究極的に人生をどう過ごすかだ。

アニー・ディラード（アメリカの作家）

私たちは日々をなんとか乗り切るのが精いっぱいで、いつもあくせくしながら生きている。そして、未来のある時期にきっといいことが起こるに違いないという淡い期待を抱いている。

しかし、日々の生活がどんなにあわただしくても、少し時間をとって、自分が得ている恩恵に感謝することはできる。たとえば、快適なベッドで眠れることや美しい日の出を見て幸せな気分に浸れることがそうだ。

喜びは微笑みの源泉となり、
微笑みは喜びの源泉となる。

ティク・ナット・ハン（ベトナム出身の禅僧）

たとえ無理にでも微笑むと幸せを感じることが、生理学の研究で明らかになっている。しかし、そういう科学的事実を抜きにしても、絶えず微笑むことは理にかなっている。微笑むと脳が活性化するからだ。当然、顔の筋肉をほころばせることもできる。悲しい顔をしていたいと思う人はいないから、これは素晴らしいことだ。

人が死んでも人生は滑稽であり、人が笑っても人生は深刻である。

バーナード・ショー（イギリスの劇作家）

人生ではつらいことがたくさん起こる。そんなとき、「こんなに多くの問題を抱えていると笑ってなんかいられない」という絶望的な気分になる。

しかし、笑うことは、困難な時期を乗り越えるのに役立つ素晴らしい能力であり、神様からの贈り物である。

もちろん、笑ったからといって問題が解決するわけではない。しかし、笑えば元気がわいてきて困難に立ち向かうのに役立つことはたしかだ。

「人生はつらい」と不平を言う人に会うと、「何と比べて?」と問い返したくなる。

シドニー・ハリス（アメリカのジャーナリスト）

私たちは自分より恵まれている人を見てよく不平を言う。たとえば、「わが家はみすぼらしい」「いい仕事や恋人が見つからない」などなど。

しかし、私たちは他人をうらやむばかりで、自分のことをうらやましく思っている人がいることに気づかない。きっとその人は私たちの家や仕事、恋人を羨望の眼差しで見ているに違いない。自分では当然のことのように思っていても、他の人にとっては恵まれていることがたくさんある。それに気づいて感謝すると、いつも満ち足りた気分になる。

どんなに幸せな人生にも悲しみがある。悲しみがなくなれば、幸せという言葉は意味を失う。

カール・ユング（スイスの心理学者）

もし人生で一度も問題が発生しないなら、どんなに素晴らしいことだろうか。しかし、現実はそういうわけにはいかない。

ここで発想を転換しよう。嵐のあとの日ざしが、日照り続きの日ざしより明るく感じられるのと同様、困難な時期のあとの幸せは、順風満帆な時期の幸せよりありがたく感じられるものだ。そう考えれば、つらい時期でも耐える勇気がわいてくる。

好きなものが手に入らないなら、すでに持っているものを好きになればいい。

フランスのことわざ

好きなものを追い求めるのではなく、すでに持っているものを好きになることは、あきらめたり妥協したりすることではなく、思慮分別のある態度である。

私たちは目標を高く設定し、それに向かって一生懸命に努力すべきだ。しかし、目標をすべて達成できなければ、それを苦々しく思って後悔しながら生きていくべきだろうか。すでに得ている恩恵に感謝すれば、人生はどんなに豊かになるだろうか。

人生では三つのことが大切だ。
一つ目は人に親切にすること。
二つ目も人に親切にすること。
三つ目も人に親切にすること。

ヘンリー・ジェームズ（イギリスの作家）

どんな状況であれ、人に親切にする方法を探そう。たとえ親切のお返しをしてもらえなくても、率先して手本を示しながら自分の原理原則に従って生きるほうがいい。

生きていることに感謝しよう。たとえ多くを学ばなくても、少しは学んだはずだ。たとえ少しも学ばなくても、病気にはならなかったはずだ。たとえ病気になっても、死にはしなかったはずだ。だから生きていることに感謝しよう。

ブッダ（仏教の開祖）

最も多くの問題を抱えている人が、日ごろ得ている恩恵に最も感謝しているように見受けられる。ピンチに直面すると、それまで当たり前だと思っていたことに感謝するようになるからだろう。

自分が元気になる最高の方法は、他人を元気にするように努めることだ。

マーク・トウェイン（アメリカの作家）

他人の問題解決を手伝っていると、自分の問題はさほど深刻に思えなくなる。「自分が得ている恩恵を数えよう」「これもやがて過ぎ去ると思おう」「苦しみの分だけ強くなれると考えよう」といったさまざまなアドバイスは、自分の人生にも役立つからだ。

相手が抱えている人生の重荷を軽くするのを手伝うとき、私たちは自分が抱えている人生の重荷が軽くなっていることに気づく。

慈善活動に関するかぎり、やりすぎということはない。

フランシス・ベーコン（イギリスの哲学者）

「つらくなるまで与えよ」という教えがある。しかし、そもそも慈善活動はつらいものではなく、むしろ楽しいものだ。人に与えれば与えるほど、ますます多くの喜びを受け取ることができるのだから。

笑いは、暗い気分を明るく照らす太陽である。

ヴィクトル・ユゴー（フランスの作家）

誰かに「いつも不機嫌そうだね」と言われると、多くの人は「だって、笑えるようなことはひとつもないじゃないか」と反論する。しかし、それは事実ではない。あくまでも本人の心の持ち方の問題だ。

実際、私たちの日常生活は愉快な瞬間で満ちている。ただし、それに気づくためには、普段から意識して愉快な瞬間を見つける必要がある。

友人は何よりもずっと大切なものだから、私たちは常に友情を育まなければならない。

オードリー・ヘップバーン（ベルギー出身のハリウッド女優）

私たちは人生の中で多くの友情を築き、そしてそれを失う。大切にしていた友人との接点がなくなると、「いつの間にか疎遠になった」などと言う。かつて親しかった友人でも、「別々の道を歩むことになった」という理由で会わなくなる。

しかし、少し努力をすれば、消えかけている友情を復活させることができる。長いあいだ話していない友人に、今日、電話か手紙かメールで連絡をとろう。そういう人を大切にすることで、私たちの人生は豊かになっていく。

逆境は人と人を結びつけ、美と調和を生み出す。ちょうど冬の厳しい寒さが窓ガラスに美しい氷の花を生み出すように。

キルケゴール（デンマークの哲学者）

大惨事のあとによくあることだが、人びとは心を開き、お金を出して助け合う。個人的なレベルでは、友人同士が逆境のときに助け合う。見知らぬ者同士でも状況によっては救いの手を差し伸べることがある。

つまり、人はみな「助け合いたい」という欲求を内に秘めているのだ。逆境に見舞われるまで、それを忘れているのは残念なことである。

奇跡とは、空中飛行や水上歩行をすること
ではなく地上を歩くことをさす。

中国のことわざ

この地球上に生まれて成長し、思慮と尊厳と喜びにあふれた人生を送ることが、生命の奇跡である。

生命の複雑さと可能性は私たちに畏敬の念を抱かせる。生命の奇跡を当たり前のように思ってはいけない。

勇気とは、恐れていることをすることだ。

エディ・リッケンバッカー（アメリカ軍エースパイロット、実業家）

一部の人は失敗を恐れていないように見えるが、それは恐怖心をうまく隠しているだけではないだろうか。

失敗して転倒するのは怖いかもしれない。しかし、転倒するたびに立ち上がって再挑戦すればいいのだ。

人間が神に近づくには、常に親切な行為をする必要がある。

ショーレム・アッシュ（ポーランドの作家）

いくら道徳が重要だと力説したところで、それは講釈にすぎない。本当に大切なのは私たちの行為だ。

世界中のほとんどの宗教が「自分にしてほしいことを相手にしなさい」と説いている。にもかかわらず、この教えがあまり実行されていないのは嘆かわしいことだ。

まず自分の中で心の平和を保ち、その次に他人の心に平和をもたらそう。

トマス・ア・ケンピス（ドイツの思想家）

私たちは友人に「落ち着け、心配するな、きっとうまくいく」と言う。しかし、自分がその教えを実行していないなら、それはあまり意味がない。

心の平和を保ち、心配事を乗り越える方法を見つけるのは、誰にとっても困難だ。しかし、心の平和は人から人へと伝わりやすい。いったん心の平和を見つけることができれば、それはおのずと周囲の人に伝わっていく。

人生のすべての日を精いっぱい生きよ。

ジョナサン・スウィフト（アイルランドの作家）

私たちの人生は有限である。にもかかわらず、精いっぱい生きずに漫然と過ごしている日がなんと多いことだろうか。

毎日を精いっぱい生きるというのは、起きているすべての時間を使って偉業の達成に全力を傾けるという意味ではない。おそらくそんな人生に耐えられる人は一人もいまい。それは、毎日、自分と他の人たちの人生を豊かにするためにできるかぎりのことをするという意味である。

釣り針はいつも水の中につけておけ。いつ魚が現れてもいいように。

オウィディウス（古代ローマの詩人）

なんの努力もせずに成果をあげた人はいない。運がいい人を調べてみると、たいていの場合、たまたま幸運に恵まれたのではなく、日ごろからこつこつと努力をしてチャンスをつかんだことがわかる。

ところが、私たちは「どうせ成功する見込みはない」と思い込んで、みすみす自分の可能性をつぶしがちである。釣り針をいつも水の中につけておかないと魚を釣ることができないように、不断の努力を怠っているとチャンスをつかむことはできない。

勇気がなければ、他のすべての美徳は意味を持たない。

クレア・ブース・ルース（アメリカの劇作家）

人はみな、自分は基本的に善良な人間だと思いたがるものだ。実際、たいていの場合、私たちは正しい倫理観を持ち、正しいことを実行する。

しかし、自分がしたことに責任を持つのが怖いとき、不正を見て立ち上がるのがいやなとき、差別発言を聞いて黙認しているとき、私たちは自分がどれだけ善良な人間だと胸を張って言えるだろうか。

倫理観に目覚め、常にそれに従って生きるのは勇気がいることだ。しかし、勇気がなければ、他にどんな美徳を持っていようと意味がない。

皮肉屋になるな、
たとえ温厚な皮肉屋でも。
皮肉屋に協力するな、
たとえ悪魔にそそのかされても。

ヴェイチェル・リンゼイ（アメリカの詩人）

皮肉を言いたがるのは、現代人の悪癖である。私たちは世の中に対するネガティブな考え方を披露することが聡明さの証しであるかのように思っているのかもしれない。
しかし、その傾向は生まれつきではない。子どもはがっかりすることを何度も経験し、それでもなお心を開いてポジティブな姿勢をとる。子どもと一緒にいると楽しい理由のひとつは、人生に対して常に前向きで、いつも元気はつらつとして疲れを知らないことだ。

私たちはすでに出来上がっているものではなく、行為の選択によって絶えずつくられるものである。

ジョン・デューイ（アメリカの哲学者）

毎日、私たちは自分の価値観を決定づける選択をしている。たとえば、着る服、食べる物、運転する車、仕事の質、住む場所、余暇の過ごし方、人との接し方、自分との折り合いのつけ方、などなど。

私たちは以上の選択を注意深くする必要がある。なぜなら、それらの選択が絶えず自分をつくり上げているからだ。

間違いを犯すことは、何かを発見するきっかけになる。

ジェイムズ・ジョイス（アイルランドの作家）

人はみな間違いを犯すことを恐れる。間違いを犯すと、恥ずかしくなり、やる気を失い、自分が愚かで無能に思えてくるからだ。

しかし、間違いを犯さなければ、新しいことを学ぶことはできない。間違いを犯さない人生があるとすれば（もちろんありえないが）、進歩も成長もなく、退屈で非生産的な人生だろう。

間違いは可能性の扉を開いてくれる。間違いを犯さなければ存在していることすら知らなかった扉だ。

われわれに必要なのは、今までなかったものを夢見ることができる人たちだ。

ジョン・F・ケネディ（アメリカ第35代大統領）

今までなかったものを夢見ることができるだろうか。幸いなことに、それを現実にした人たちがいる。彼らが生み出したのが、パソコンやスマートフォン、インターネットだ。これらはほんの数例だが、わずか数十年前なら夢物語と呼ばれたものが今ではすっかり普及し、私たちはその恩恵に浴している。

たいていの場合、人間は自分で決める程度に応じて幸せになる。

エイブラハム・リンカーン（アメリカ第16代大統領）

私たちはいつも幸せの条件がそろうのを心待ちにしている。たとえば、人間関係、仕事、生活環境、子ども、昇給、季節、などなど。

しかし、周囲を見渡すと、私たちが欲しがっているものを何ひとつ持っていなくても幸せに暮らしている人はたくさんいる。その人たちは、永遠に訪れないかもしれないときまで自分の幸せを先延ばしにするのではなく、今、幸せになる決意をしているのだ。

友情は逆境を軽くし、栄光をさらに輝かせる。

キケロ（古代ローマの政治家）

素晴らしいことが起こると、私たちはそれを友人に伝えて分かち合いたくなる。友人が喜んでくれると、私たちはますます嬉しくなる。

逆に、悪いことが起こると、私たちは友人に安らぎと理解を求める。友人が同情してくれると、苦しみは和らぎ、希望を持つことができる。友情とはそれくらい尊いものだ。

愛されているのに貧しい人はいるだろうか。

オスカー・ワイルド（イギリスの作家）

ビートルズのヒット曲に「キャント・バイ・ミー・ラブ（愛はお金で買えない）」という歌がある。まったくそのとおりだ。愛は他に類を見ない精神的財産であり、どんな物質的財産よりも貴重である。もしこの財産の価値を測定することができれば、自分がどんなに恵まれているかがわかるだろう。配偶者、家族、恋人、友人の愛は、それくらい尊いものだ。

しかし、ここで肝に銘じなければならないことがひとつある。愛は友情と似ていて、それを与えないかぎり、受け取ることはできないということだ。

人生とは、許すことが求められる冒険である。

ノーマン・カズンズ（アメリカのジャーナリスト）

人はみな欠点を持っている。だからどうしても他人をがっかりさせたり傷つけたりする。意図的であれ、偶然であれ、結果は同じで、相手は被害を受けたと感じる。

被害を受けたと感じると、それに対して恨みを抱きやすい。しかし、私たちは被害を受けるのと同じように被害を与えることもある。だから、許してほしいのと同じように許すことができれば、世の中はよりよい場所になる。

計画性のない目標は、単なる願い事でしかない。

アントワーヌ・ド・サン＝テグジュペリ（フランスの作家）

人びとに人生の目標をたずねると、「事業を始めること」とか「早く退職すること」という答えがたいてい返ってくる。しかし、多くの場合、その人たちはその目標を達成する方法を知らない。

目標を持つことは簡単だが、その目標を達成する計画を立てることは難しい。たとえば、第一段階は何か、目標達成に要する時間はどれくらいか、どんな努力をする必要があるか、成功の確率はどれくらいか、誰が支援してくれるか、などなど。

たったひとつの優しい言葉が冬の三か月を温める。

東洋のことわざ

人に感謝の言葉をかけるのは簡単なことだが、残念ながら、多くの人はそれを怠りがちである。

自分がしたことを誰かに感謝してもらうと幸せな気持ちになる。たとえそれが次の人のためにドアを開けておくとか、道をきれいにするためにゴミを拾うといったささいなことでも、感謝されると嬉しいものだ。しかし、私たちは多忙な日常生活を送る中で、人にそういう親切な行為をすることを忘れがちである。

健全なユーモアとは、人生の波乱から自分の身を守ってくれる防波堤である。

ルイス・マンフォード（アメリカの批評家）

健全なユーモアがあれば、対処できないことはほとんどない。私たちは人間関係や仕事、政治、人生全般について憤りを感じる傾向がある。しかし、それよりも笑うことのほうがずっと楽しい。

健全なユーモアで人生に立ち向かおう。そうすれば、ストレスを軽減し、気分を改善し、変化に対処するのに役立ち、広い視野で物事を見ることができる。

毎日、私たちはよい歌を聴き、美しい詩を読み、素晴らしい絵を見て、できれば多少の分別のある言葉を発するべきだ。

ゲーテ（ドイツの作家）

毎日、私たちが経験できる素晴らしい活動はいくらでもある。数分間、好きな音楽や本を楽しんだり日記を書いたりするのは、お金と労力をあまりかけなくても手軽に楽しめる活動だ。それ以外に、美術館に行って名画を見たり、自宅で音楽を鑑賞したりして芸術を堪能するのもいい。

思いを変えれば、あなたの世界は変わる。

ノーマン・ヴィンセント・ピール（アメリカの牧師）

ポジティブ思考の力について疑いの余地はいっさいない。何かを成し遂げることができないと思い込んでしまうと、成功することはほぼ不可能になるが、何かを成し遂げることができると確信すれば、成功する見込みはかなり高くなる。

残念ながら、多くの人はネガティブな思い込みのためにやる気を失い、チャンスを逃している。しかし、ポジティブ思考によってやる気を高めれば、チャンスをつかむことができる。

探しさえすれば、何事にも教訓が見つかる。

ルイス・キャロル（イギリスの童話作家）

自分の身に起こる出来事には教訓が秘められている。もしその教訓が見つからなければ、私たちはそれを探そうとする。自分の身に起こる出来事を論理的に説明し、世の中に秩序を見いだそうとするのは、人間の心の働きである。

私たちが思いつく教訓には、思慮深いものもあれば愚かしいものもある。論理的なものもあれば非論理的なものもある。しかし、大切なのは、自分の身に起こる出来事の中に何らかの教訓を見つけようとする姿勢だ。

私は他人の称賛や叱責には注意を払わず、ひたすら自分の直感に従うことにしている。

モーツァルト（オーストリアの作曲家）

私たちはすぐれた直感を持っている。うまくいくこととうまくいかないことについて、長年にわたって経験を積んでいるからだ。

私たちは自分の直感に従う必要がある。もちろん、それをしても、ときには間違いを犯すことがあるだろう。しかし、その間違いも経験となって蓄積され、さらに直感を研ぎ澄まし、次はもっといい選択をするのに役立つ。

恐れ、孤独、不幸を感じている人にとって
最高の癒しは、外に出て静かな場所を見つけ、
自然と一体になることです。

アンネ・フランク（ユダヤ系ドイツ人の少女）

よく晴れて、そよ風が吹き、上着を必要としない外出に適した気温の日。そんなときはとても心地よく、平和な気持ちになり、幸せを感じるものだ。

しかし、雨や雪が降っていたり、風が強く吹いたりしているときも、私たちは幸せを感じることができる。自然の絶妙なバランスを観察し、その恵みに感謝しよう。冬の寒さと夏の暑さは対極をなし、大地が刷新する機会を与える。そよ風の代わりに強風が吹いて種をまき散らし、他の場所に新しい植物を芽生えさせる。

すべての子どもは芸術家である。要は、大人になってからも芸術家であり続けるかどうかだ。

パブロ・ピカソ（スペインの画家）

子どもが描いた絵を見せると、私たちは出来ばえに関係なく感動し、その絵を壁に飾る。何かを創造したという子どもの喜びは、余計な批判を受けずに祝福されて大きくなる。子どもたちと同様、私たち大人も余計な批判をせずにお互いの創造性を大切にしたいものだ。それができれば、どんなに素晴らしいことだろうか。

朝起きたら、食べ物があることと生きる喜びに感謝しよう。感謝する理由が見つからないなら、それはあなた自身の問題だ。

テカムセ（インディアンの英雄）

ポジティブな思いで一日のスタートを切ることは、そのあとに続くことの調子を決める。自分が抱えている問題や心配事ではなく、自分が得ている恩恵に思いをはせよう。たとえば、ぐっすり眠れたこと、おいしいものを食べられたこと、仕事に就いていること、家族や友人の支えがあること、新しい一日を楽しめること、新鮮な空気を吸えること、そしてとりわけ、生きていること。

下手な言い訳をするくらいなら、言い訳をしないほうがずっといい。

ジョージ・ワシントン（アメリカ初代大統領）

人はみな間違いを犯す。しかし、本当の問題は、間違いを犯すことではなく、自己弁護をするためにやっきになることだ。

間違いを犯したとき、言い訳をすればするほど信頼を失うことになる。だから、言い訳をするより、「自分は間違っていた」と潔く認めて反省したほうがいい。そうすれば貴重な時間と労力を浪費せずにすむし、周囲の人の信頼を得ることができる。

誰かと一緒に食事をすることは、軽んじてはいけない親密な行為である。

M・F・K・フィッシャー（アメリカの作家）

多くの人はキッチンに立ったままコーヒーを飲んで職場に直行する。昼食はファストフードレストランで手軽に間に合わせるか、加工食品を電子レンジで温めてデスクでそそくさとすませる。夕食を親しい人とゆっくりとる時間はあるだろうか。

どんなに質素な食べ物でも、テーブルの準備をし、家族や友人と一緒に食べれば御馳走になる。私たちは食事を共にする機会を通じて人生の喜びや心配事を分かち合うのである。

よいアドバイスは無視されがちだが、それを実行しない理由にはならない。

アガサ・クリスティー（イギリスの作家）

愚かなことをしでかしたとき、事前に誰かがよいアドバイスをしてくれたらよかったのにと思ったことはよくあるだろう。

しかし、たとえ事前によいアドバイスをしてもらっていても、愚かなことをしでかすものだ。

私たちはよいアドバイスを無視しがちである。何度も聞いてようやく理解できることもあるから、独りよがりにならずに、信頼できる人のアドバイスに耳を傾けることが大切だ。

心の底から満足できる一日とは、すべきことをすべて成し遂げた日である。

マーガレット・サッチャー（イギリスの政治家）

多忙な生活を送っている現代人にとって、一日中何もしないことは素晴らしいことのように思える。

しかし、休日に昼まで寝て、起きてから家の中でじっとしていると、体がうずうずしてくる。何時間もテレビを見ても、よい番組はあまりないから飽きてしまう。

そんなふうに暇を持て余すより、散歩に出かけるとかパンを焼くといった簡単なことでいいから、何かを成し遂げたという充実感に浸ったほうがいい。

人を育てるうえで、責任を持たせて任せることほど重要なことはない。

ブッカー・ワシントン（アメリカの教育者）

人に責任を持たせると、ついつい心配になる。たとえば、子どもに初めて皿洗いをさせると、「この子はお皿を割ってしまうかもしれない」と不安を感じるのがそうだ。しかし、自分でやらせないかぎり、皿洗いを覚えさせることはできない。

人に責任を持たせるのは難しいこともある。うまくできないのではないかという不安もあるだろう。しかし、自分でいつもすべてのことをすることはできないから、誰かを信頼して任せなければならない。

友情は、一方が他方に「えっ、君もそうなの？　私だけだと思っていたよ」と言うときに芽生える。

C・S・ルイス（イギリスの作家）

友情は長い年月をかけて育まれることもあれば、出会ってすぐに意気投合することもある。しかし、すべての友情について言えるのは、相手との共通点があることだ。

私たちは友人を持つことによって、自分が世の中で一人ではないことを知り、同じような趣味や信念を持っている人がいることに気づいて安心感を得ることができる。とりわけ、食べ物の好みやユーモアのセンス、社会に対する意見などが共通していると嬉しいものだ。

自分を幸せにしてくれた人たちに感謝しよう。彼らは私たちの魂を開花させてくれた素晴らしい園芸家なのだから。

マルセル・プルースト（フランスの作家）

私たちは孤独な時間を楽しむ。実際、それはいくらあっても足りないほどだ。しかし、家族や友人と過ごす時間には、孤独な時間にはない素晴らしさがある。

人生を振り返ると、愛する人と共有した時間が最も幸せな時間だったことがわかるだろう。自分を幸せにしてくれる人たちといつも親しくすることができれば、私たちは精神的に豊かな人生を送ることができる。

やがて訪れる未知の恵みに感謝をささげよ。

ネイティブ・アメリカンの教え

私たちは自分が得ている恩恵の数を数え、人生がもたらす贈り物に感謝することはうまくできるかもしれない。しかし、まだ得ていない恩恵に思いをはせて感謝するのはうまくない。

それをするためには、世の中が豊かで恩恵を一生与え続けてくれるという確固たる信念と、いつどこで恩恵を得てもそれに気づくことができるという心の余裕が必要になる。

真の友情は、友人の数ではなく、その友人の価値にある。

ベン・ジョンソン（イギリスの詩人）

私たちはパーティーで楽しく過ごし、パーティーの予定でカレンダーを埋め尽くし、多くの友人に注目されたがる。私たちは他人に必要とされたいし、自分を好いてくれる人が多いと嬉しい気分になる。

とはいえ、私たちは自分の真の友人が誰なのかをよく知っている。しかも、その数はそんなに多くない。彼らは私たちが助けを必要としているときに助けてくれるし、聞きたくなくても大切なことを言ってくれる。いいときも悪いときも彼らは友人であり、あるがままの私たちを愛してくれる。

握りこぶしで握手をすることはできない。

インディラ・ガンディー（インドの政治家）

嫌いな人にも礼儀正しく振る舞わなければならないことがある。そこで私たちはつくり笑いを浮かべ、その場をうまく取り繕う。

しかし、つくり笑いを浮かべるのではなく、心から微笑んだらどうなるだろうか。その人の好きな部分はなんだろうか。そもそも、その人を嫌わなければならない正当な理由はあるのだろうか。

大の仲よしにはなれないかもしれないが、友好的な姿勢を見せれば、どういう展開になるだろうか。

「自分は最善を尽くした」と胸を張って言えることが、人間の最高の生き方である。

林語堂《りんごどう》（中国の学者）

私たちは常に最善を尽くしているとはかぎらない。実際、いやな仕事を早く終えるために中途半端な努力しかせず、優先順位の低い仕事をやり遂げないことがある。そんなとき、私たちは自分のいい加減な姿勢に後ろめたさを感じる。

いくら頑張っても、常に完璧にできるとはかぎらない。しかし、たとえそうであっても、常に最善を尽くすように全力を傾けるべきだ。

人をだますくらいなら、人にだまされるほうがいい。
人を信用しないくらいなら、ときには裏切られるほうが幸せだ。

サミュエル・ジョンソン（イギリスの文学者）

私たちは人に利用されることを絶えず恐れている。さらに、あまりよく知らない人には疑いを抱いたりする。

常に注意を怠らないのは正しい態度だ。隙があればだましてやろうと考えている人はどこにでもいる。しかし、だまされることは、私たちの身に起こる最悪のことではない。それよりも悪いのは、人間不信に陥って人を疑ってかかったり引きこもったりすることだ。

怒りはあまりにも大きな代償をともなう自己満足である。

イタリアのことわざ

怒りにかられているとき、自分がどれだけ大きな間違いを犯しているか気づいたことがあるだろうか。たとえば、キッチンでお皿を割る、車をガレージの壁にぶつける、関係のない人に八つ当たりする、などなど。そのような間違いを犯すことによって、私たちはますます腹が立つ。ただし、その場合の怒りの対象は自分自身だ。

大切なのは、腹を立てない決意をするか、腹を立てたらすぐに怒りを鎮めることである。とはいえ、他人に利用されてもいいというのではない。大切なのは、いつも冷静に建設的な行動ができるようにすることだ。

友情を深めるために、礼儀という潤滑油を使うことは賢明な態度である。

コレット（フランスの作家）

友人との付き合いが長いと相手の愛情を当然のことと思い、礼儀を忘れて自己中心的な態度をとりがちである。まるで礼儀は親しくない人のためであるかのようだ。

親しい人をぞんざいに扱い、親しくない人に丁寧に接することがあまりにも多いのはどういうわけだろうか。機嫌が悪いという理由で、親友に対して微笑みすら浮かべる余裕がないのは残念なことだ。

親しい人に対して急に丁寧に接すると、相手は戸惑うかもしれないが、きっとそれを気に入ってくれるはずである。

物事は変わらない。私たちが変わるべきなのだ。

ヘンリー・デイヴィッド・ソロー（アメリカの思想家）

世の中は多くの点でよくも悪くも現状のとおりだ。変わるべきものがあるとすれば、世の中との関わり方だけである。

それに気づけば、私たちは驚異的な力を発揮することができる。自分を変えることができれば、世の中との関わり方を変えることができるからだ。

自分がどこで生まれ、どこで生きてきたかは重要ではない。自分がそこで何をしてきたかが重要なのだ。

ジョージア・オキーフ（アメリカの画家）

一部の人は自己紹介で自分がどこで生まれ、どの学校に行き、今どこで暮らしているかを言う。まるでそれらのことが自分の価値の証しであるかのように。

しかし、彼らがいったい何をしてきたというのだろうか。名門の一族に生まれ、大学で学位を取得したからといって成功者というわけではない。

自分が生まれた家柄や土地を自慢したくなる衝動にかられたら、それをやめよう。そんなことより、自分がその環境で何をしてきたかを重視すべきだ。

私は幼いころから、相手を笑わせると好きになってもらえることを学んだ。

アート・バックウォルド（アメリカのユーモア作家）

人を笑わせるために道化を演じる必要はない。適切なタイミングでユーモアのセンスを発揮すればいいだけである。

人が微笑むのを見て、その笑い声を聞くのは実に気分がいいものだ。ただし、その条件として、その笑いは他人への皮肉や批判ではなく、純粋で誠実なものでなければならない。

しばらく座って考えることを恐れてはいけない。

ロレイン・ハンズベリー（アメリカの劇作家）

いつもあわただしく暮らすのが、現代人の流儀である。私たちは絶えず何らかの音を聞いていて、静けさを経験する機会がめったにない。まるで静けさを恐れているかのようだ。誰も家にいなければ、私たちはすぐにテレビをつける。車の中ではラジオを聞きたがる。散歩に出かけるときはイヤホンで音楽を聴く。

しかし、たまには静けさの中で深く考えたらどうだろうか。静けさは、コストがかからない贅沢な経験だ。

労働は三つの災いを防いでくれる。すなわち、退屈、堕落、貧困である。

ヴォルテール（フランスの啓蒙思想家）

働くことは有意義だ。実際、人間は働いているときが最も充実しているのかもしれない。たとえ「もっと休みが欲しい」と思っていても、働けるのは幸せなことだ。

もちろん、働きすぎることもあるだろう。しかし、一生懸命に働いて忙しくするから、生計を立てて将来に希望を持つことができるのだ。さらに、自分が人びとの役に立ち、社会から必要とされていることを確認できる。

ときには仕事について不平を言いたくなるかもしれない。しかし、働くことができるという幸運を忘れないようにしたいものだ。

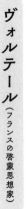

何かが苦労せずに手に入ると、人びとはそれを軽んじる傾向がある。

トマス・ペイン（アメリカの哲学者）

何年も貯金して買った新車であれ、気難しい人からの賛辞であれ、私たちは苦労して得たものを高く評価する傾向がある。そんなときはまるで偉業を達成したかのような誇らしい気分になるものだ。

もちろん、それは素晴らしい。なぜなら、そのおかげでより一層の努力をするきっかけになるからだ。しかしそれと同時に、親の愛情のように、一生懸命に努力しなくても得られるものも大切にしなければならない。

第3部

信念を貫く

間違いを犯すのは、充実した人生を送るために必要な代償の一部ね。

ソフィア・ローレン（イタリアの女優）

私たちは間違いを犯すことによって充実した人生を送ることができる。もちろん、他人を傷つけるような間違いは避けなければならないが、それでも私たちは間違いを犯しがちである。

間違いは忘れ去りたいものとみなすこともできるが、刺激的な経験とみなすこともできる。たしかに間違いそのものは刺激的ではないが、間違いから学べることは非常に刺激的である。

たとえ一人でも信念を持っていれば、単に興味を持っているだけの九十九人に匹敵する力を発揮する。

ジョン・スチュアート・ミル（イギリスの哲学者）

信念を持って目標の達成に心血を注げば、驚異的な力を発揮することができる。たとえば、自分の仕事が世の中をよりよくすると信じているときがそうだ。

信念を持って情熱を燃やしながら行動すれば、障害に出くわしても途中であきらめたり失望したりすることなく、着実に目標を達成することができる。しかも、周囲の人もそれに触発されて、その活動に参加したくなる。

ユーモアのセンスは、リーダーシップを発揮し、他人と力を合わせて物事を成し遂げるための技術の一部である。

ドワイト・D・アイゼンハワー（アメリカ第34代大統領）

自分が置かれている状況を笑えることは、非常に望ましい資質である。私たちは自分のユーモアのセンスを人前で隠す必要はない。家族や友人に囲まれているとき以外も、ユーモアのセンスを発揮すべきだ。

ユーモアのセンスを発揮して問題に対処する能力があれば、自分だけでなく周囲の人も恩恵を得ることができる。ユーモアのセンスは自分を落ち着かせるのに役立つし、周囲の人はその様子を見て安心するからだ。

調子が悪いときに重要な決定をくだしてはいけない。嵐が過ぎ去るまで辛抱強く待つべきだ。よい時期は必ず訪れるのだから。

ロバート・シュラー（アメリカの牧師）

物事がうまくいかないとき、私たちはあせってすぐに状況を変えたがる。しかし、それでは衝動的になりやすく、間違った判断をくだしてしまい、ますます状況を悪化させるおそれがある。

あせってすぐに状況を変えようとしてはいけない。たいていの場合、しばらく待って慎重に判断したうえで適切な行動をとるほうが、長い目で見て好ましい結果につながる公算が大きい。

幸せになろうとやっきになるのをやめれば、いつも機嫌よく過ごせる。

イーディス・ウォートン（アメリカの作家）

私たちは幸せになろうとして多くの時間とお金と労力を費やし、高級な料理を食べ、贅沢な休暇に出かけ、豪華なパーティーを開き、上等の服を買う。それらのことが幸せをもたらしてくれると思っているからだが、その幸せはたいてい長続きしない。食べ過ぎて胸やけを起こし、休暇先から疲れて戻って仕事を再開し、パーティーの後片づけをし、高いお金を出して買った服が気に入らないからだ。

そんなことをして幸せになろうとやっきになるのではなく、日常の小さなことに幸せを見いだせば、いつも上機嫌でいられるはずだ。

長年の友人は、自分の姿を映し出す最適の鏡である。

ジョージ・ハーバート（イギリスの聖職者）

長年の友人は、私たちの本当の姿を教えてくれる。たとえそれが知りたくないような真実であっても、である。

幸いなことに、彼らは私たちのよい面も悪い面もありのままに見て、傲慢なときや不誠実なときは遠慮なく指摘してくれる。私たちはこんなふうに友人の力を借りて、絶えず自分の本当の姿を直視する必要がある。

人からよく言われたければ、自分のことをよく言わないことである。

パスカル（フランスの哲学者）

私たちは自分を過大評価したり過小評価したりして、極端から極端へ走る傾向があるのかもしれない。あるときは「自分は優秀だ」と尊大になり、またあるときは「自分は無価値だ」と卑下するのは、その表れである。

しかし、人はみな常に価値のある存在であり、世の中で重要な役割を果たしている。大切なのは、「自分は他の人たちより重要な存在だ」と勘違いしないことだ。

私の大きな目標は、青空のはるかかなたにある。
それには手が届かないかもしれないが、
上を見ながら、それを追い求めることはできる。

ルイーザ・メイ・オルコット（アメリカの作家）

私たちはその日や週にする必要のあることを「やることリスト」に記入する。たとえば、食料品を買う、クリーニング屋から衣装を引き取る、車を洗う、などなど。たしかにそれらの課題をやり遂げると気分がすっきりするが、自分が生きた証しとなるような目標ではない。

私たちの長期的な目標は、自分が抱いている大志を反映したものでなければならない。つまり、全力を尽くしてようやく達成できる意欲的な目標である。

希望にはコストがいっさいかからない。

コレット（フランスの作家）

たとえ目標の達成が不可能なように思えても、失ってはいけないのが希望である。希望を持ち続けるのに元手はいらない。希望がなければ、どんな人でも成功しない。

希望を失ったら、身動きがとれなくなり、避けられないと思い込んでいる事態を受け入れるしかない。希望を持ち続けて挑戦したら道が開けたかもしれないのに、途中であきらめてしまったという後悔だけが残る。

自分で使う薪《まき》は自分で切れば、体が二倍温まる。

ヘンリー・フォード（アメリカの実業家、フォード・モーターの創業者）

私たちは家庭でも仕事でも周囲の人の助けを得ることができる。しかし、自分で片づければ、きれいな家に住むことができるし、自分で準備して料理すれば、食事をより楽しむことができる。皿洗いや庭掃除も誰かに任せるのではなく、面倒がらずに自分で楽しみながらすればいい。

自分でできることは、なるべく自分でしよう。そうすれば、より大きな満足が得られるし、自分が意外と有能で役に立つことを実感することもできる。

本当に貧しいのは、少ししか持っていない者ではなく、もっとたくさん欲しがる者である。

セネカ（古代ローマの哲学者）

幸せになるためにどれだけ多くのモノが必要だろうか。思っているよりずっと少ないはずだ。実際、モノをたくさん持てば持つほど、幸せを感じなくなるように思える。モノをたくさん持つと、それだけ管理しなければならない必要性が高まるし、部屋を散らかす原因となる不用品の数も増えるからだ。

欲しいものをすべて手に入れることはできないが、すでに持っているものに幸せを見いだすように考え方を調整することならできる。

お金とは交換の手段にすぎず、崇拝の対象ではない。

カルビン・クーリッジ（アメリカ第30代大統領）

たしかにお金があれば、多くのことがより快適になる。たとえば、請求書の支払いについて心配せずにすめば、ぐっすり眠ることができる。

もちろん、お金は諸悪の根源ではないが、お金が人間の価値を決めると思ってしまうと間違いを犯すことになる。たとえば、自分より多くのお金を持っている人を賢いとか偉いと勘違いするのがそうだ。

たとえ百人に食糧を提供できなくても、一人に食糧を与えることならできる。

マザー・テレサ（カトリックの修道女）

私たちは世の中の悪いニュースに圧倒されがちだ。問題がこんなに大きいのに、自分がどうやって役に立てるのかと不安になる。

大きな支援が必要であることに失望するのではなく、どんなに微力でも自分ができることに意識を向けよう。たとえば、困っている人たちに少額の寄付をする、わずかな時間でもボランティア活動をする、孤独な高齢者に電話をかけて話し相手になる、などなど。

一人に食糧を与える人が百人いれば、百人に食糧を提供することができる。

敵をつくらずに自己主張をするには、相手への気づかいが欠かせない。

アイザック・ニュートン（イギリスの物理学者）

自分が正しいと確信しているとき、私たちはみんなにそれを知ってもらいたがる。しかし、周囲の人は私たちの自己主張を聞いてあきれているかもしれない。

自分の意見を持つことはなんら間違ってはいない。それだけ思い入れが強いということだ。しかし、自分が絶対に正しいと信じて、それを押し通そうとすると、誰からもそっぽを向かれる可能性が高い。

すべての人に親切に接し、多くの人を好きになり、数人の身近な人を愛し、その人たちに必要とされることが、究極の幸せに最も近づく秘訣だ。

メアリ・ロバーツ・ラインハート（アメリカの作家）

幸せになることには謎めいた要素はいっさいない。忘れがちなことだが、幸せはすべての人のすぐ手の届くところにある。

幸せになる秘訣とは、自分がしてほしいと思うようなやり方で相手に接することだ。愛情と親切は自分に返ってくる。つまり、相手を幸せにすれば、自分も幸せになれるということだ。

結果に対して責任をとる覚悟ができているなら、なんでもすればいい。

サマセット・モーム（イギリスの作家）

たいていの場合、私たちが行動を起こさないのは、何をしていいかわからないからではなく、実際に行動を起こしたらどうなるかを心配するからだ。

たとえば、笑われたらどうしよう、敵をつくったらどうしよう、うまくいかなかったらどうしよう、といった不安だ。

しかし、世の中で功績をあげる人は、行動を起こすと問題が生じるかもしれないことを理解しつつ、自分を信じて行動を起こす人である。私たちはすべきことをして問題が生じても、それに対処できるだけの精神的な強さを持たなければならない。

他人を批判するのは誰でもできる。実際、愚か者ほど他人を批判したがる。

デール・カーネギー（アメリカの作家）

私たちはとかく他人を批判しがちだ。ストレス解消のために悪口を言っているだけのこともあるが、他人の言動に本気で腹を立てていることもある。

一方、私たちは批判されるのをいやがる。たとえ批判されるだけの理由があっても、「なぜあの人はあんなことを言うのか」と憤る。「私は最善を尽くしているし、人はみな完璧ではないのだから、寛容の精神を発揮してくれてもいいじゃないか」というわけだ。とすれば、私たちが厳しく批判している相手も、きっと同じことを願っているに違いない。

本当の発見は、新しい景色を見つけることではなく、新しい視点を持つことにある。

マルセル・プルースト（フランスの作家）

私たちは旅先で目にするあらゆることに興味を抱き、新しい場所を訪れ、新しいことに心を開く。そして、すっかり陽気で楽天的になる。

一方、いつも暮らしている場所では多くのことを当たり前のように思いがちだ。その結果、目の前にある素晴らしいものが見えないままになる。だから私たちは、大勢の人が遠方からはるばる訪れる観光名所が近くにあっても行こうとしないのかもしれない。新しい視点を持とうとしないために機会を逸しているのだ。

頻繁に訪れる友人たちは、家に彩りと潤いを与えてくれる。

ラルフ・ワルド・エマーソン（アメリカの思想家）

私たちはいろいろな理由をつけて自宅に友人を招くのをためらう。たとえば、部屋が散らかっている、家具がみすぼらしい、料理がうまくできない、などなど。

しかし、友人が私たちの家を訪ねてくるのは、豪邸や高級料理にあこがれているからではなく、一緒に過ごすのが楽しいからだ。私たちはその事実を忘れがちである。訪ねてきた友人と愉快な時間を共有することができれば、どんな家でも居心地がよくて魅力的だ。

生きがいとは、何かに情熱を燃やすことである。

オリバー・ウェンデル・ホームズ（アメリカの医師、作家）

人生に対して皮肉な見方をするのは、実に悲しいことだ。一部の人は「世の中があまりにも退屈で、ワクワクすることはどこにも見つからない」と主張する。

しかし、そういう冷めた態度こそが、その人たちを退屈な人間にしてしまっているのではないか。

生きることに情熱を燃やさず、何に対してもワクワクしない人と一緒にいて楽しいだろうか。

優しさは、どんなに情熱的な誓いよりも素晴らしい愛の証しだと思うわ。

マレーネ・ディートリッヒ（ドイツの女優）

私たちは映画の中で、愛が大胆な仕草や感動的なセリフ、ほとばしる情熱によって表現されているのを見る。そんなとき、それに比べると自分の生活はなんと地味なことかと思えてくるかもしれない。

しかし、本当の優しさは大きなスクリーンでは表現できない。なぜなら、それはあまりにも繊細で、ドラマチックな展開に欠けるからだ。私たちは映画の中で生きているのではなく、抱擁するだけで愛を伝え合う現実の世界で生きているのだ。

私の人生には目的も意味も方向性もないが、私は幸せだ。
しかし、その理由はよくわからない。
なぜか幸せを感じるのだ。

チャールズ・M・シュルツ（アメリカの漫画家、スヌーピーの生みの親）

特に理由がなくても気分のいい日がある。その気持ちを分析するのではなく、素直に楽しもう。

私は大金や高級服が幸せをもたらすとは思ったことがありません。
幸せに対する私の考え方は、
物質的な意味合いではなく精神的な意味合いが強いのです。

コレッタ・スコット・キング（アメリカの活動家、キング牧師夫人）

どんなにいいモノを買っても、本当の幸せをもたらさないという事実は、誰もが知っているとおりだ。ところが、私たちは店頭で多くの時間を過ごし、本当の幸せをもたらさないモノを買い込む。

では、本当の幸せを感じるために、私たちはどこへ行けばいいのだろうか。一部の人にとっては、礼拝の場所がそうだ。しかし、本当の幸せは特定の場所に行かなくても、どこででも得ることができる。

忍耐は知恵の友である。

聖アウグスティヌス（古代キリスト教の神学者）

私たちは辛抱が足りない世界に暮らしている。人びとはいつもせかせかし、辛抱強く待つことができない。

少しイライラすることがあると、私たちはすぐにぶつぶつ言う。その結果、じっくり考えず、大急ぎで物事を解決しようとする。

この世で最大の間違いを犯した人とは、「大したことができない」という理由で何もしなかった人だ。

エドマンド・バーク（イギリスの政治家）

私たちは「時間がかかりそうだ」という理由でガレージの掃除を先延ばしにする。「大変そうだ」という理由で貧しい人たちへの支援をためらう。「理想体重まで痩せることはできない」という理由でダイエットを始めない。

しかし、週末に少し片づけをし、慈善団体に毎月少額の寄付をし、毎日の食事を少し減らせば、やがて大きな目標を達成することができる。目の前の課題に圧倒されて何もしないよりは、目標に向けて少しでも何かをするほうがずっといい。

あなたはこの世の誰とも同じくらい、自分の愛をささげるに値する存在である。

ブッダ（仏教の開祖）

たいていの場合、私たちを最も厳しく批判するのは私たち自身だ。実際、鏡に映った自分の姿を見て肉体的欠点しか見ないし、過去を振り返って自分のミスしか思い出さない。何も悪いことをしていないときですら、自分を罵倒することもある。

しかし、それでも周囲の人は私たちを好いてくれるし、愛してくれる人もいる。その人たちは私たち自身が気づいていない長所を見てくれているのだ。

謙虚になるのはいいことだが、私たちは自分に優しくすべきである。自分を好きになれれば、気持ちに余裕ができて他人にもっと愛情を注げるはずだ。

あなたは自分の時間を人びとのためにささげるべきだ。
どんなに小さなことでも、他人のために何かをしよう。
それによって金銭的報酬が得られなくても、
人びとに奉仕したという精神的報酬を得ることができる。

アルベルト・シュバイツァー（ドイツの神学者、哲学者、音楽家、医師）

私たちが救いの手を差し伸べると、人びとはそれを喜んでくれる。それは私たちの彼らに対する愛情の証しだ。

何をささげようと、けっして小さすぎることはない。他人に与えたのと同じ大きな喜びが自分に返ってくるのだから。

節制とは食べる量を控えることね。
健康の秘訣は、いろいろなものを
少しだけ食べることよ。

ジュリア・チャイルド（アメリカの料理研究家）

私たちは好きなものをたらふく食べて食欲を満たそうとする傾向がある。しかし、チョコレートは大量に食べるより最初の一口のほうがずっとおいしい。食べ過ぎると気分が悪くなるし、食べ過ぎた自分に対して腹立たしくなる。

節制を心がけることは幸福な人生の秘訣として太古の昔から賢者が主張してきたことであり、それは今でも理にかなっている。

私の見るところでは、失敗よりも成功によって自滅する人のほうがはるかに多い。

エレノア・ルーズベルト（アメリカの社会運動家）

失敗して卑屈になるのはよくないが、それよりもずっと具合が悪いのは成功して傲慢になることだ。自分が他の人たちよりすぐれていると思い込むと、成功したために自滅するおそれがある。

さぞかし相当な努力をしてきたのだろう。しかし、それには必ず運もあったはずだ。成功して傲慢になってしまうと、今後はもう運に恵まれないかもしれない。

涙も汗も塩辛いが、別々の結果につながる。涙は同情を誘うだけだが、汗は変化をもたらす。

ジェシー・ジャクソン（アメリカの牧師）

世の中がいかに不公平であるかについて文句を言うには多くのエネルギーが必要になる。ところが、私たちは日ごろそうやって貴重なエネルギーを浪費しがちだ。

きっと私たちは正しいに違いない。実際に不公平な扱いを受けたのだろう。しかし、それについて文句を言って友人を困惑させるのではなく、その状況を好転させる方法を考えるほうがはるかに生産的だ。

仕事と遊びというふたつの言葉は、異なる条件下で同じことを表現している。

マーク・トウェイン（アメリカの作家）

仕事が楽しくて仕方ないとき、私たちは早く起きて働きたがる。ワクワクして職場に到着し、長時間働いたあとでも充実感にあふれて帰宅する。幸せな気分で一日が過ぎるように感じる。

仕事はつらいというイメージがあるが、けっしてそんなことはない。たとえどんな環境でも仕事を前向きにとらえ、情熱を燃やして働くことは可能である。

大切なのは、疑問を抱くのをやめないことだ。好奇心は非常に大きな価値がある。生命の謎について考えると、畏敬の念がおのずとわいてくる。この謎をほんの少し理解しようと努めるだけでいい。いくつになっても、神聖な好奇心を失ってはいけない。

アルベルト・アインシュタイン（ドイツ出身のアメリカの物理学者）

私たちの生命、この世界、この宇宙は驚きに満ちている。私たちはこの時代にこの場所で暮らすことができて幸せだ。自分はなぜここにいるのか、ここにいることが何を意味しているのかについて好奇心を持ち続けよう。

奇跡を期待するのはいいが、それを当てにしてはいけない。

ユダヤの格言

奇跡が自分をピンチから救ってくれるのを願うことは間違っていない。しかし、願っているだけでは何も起こらない。これは仕事や人間関係、健康管理でも同じことだ。

奇跡が実際に起こることもあるが、たいていの場合、奇跡は自分で起こさなければならない。そのためには日ごろから地味な努力を積み重ねる必要がある。そうやって初めて奇跡を目の当たりにすることができるのだ。

ひらめきがわいてくるのを待っていてはいけない。それは努力して起こさなければならないのだ。

ジャック・ロンドン（アメリカの作家）

一部のアーティストはひらめきがわいてくるのをじっと待つ。しかし、他のアーティストはひらめきがわいてこなくても、ひたすら仕事に励む。文字をたくさん書いたり、スケッチをたくさん描いたりしているうちに、やがてひらめきがわいてくることを知っているからだ。

ひらめきがわいてこないことを言い訳にして、じっとしていてはいけない。ひらめきが自然にわいてこないなら、努力してひらめきを起こせばいいのだ。

われわれは絶えず旧交を温めるべきだ。さもなければ、やがて一人ぼっちになってしまうだろう。

サミュエル・ジョンソン（イギリスの文学者）

たぶん誰にでも昔なじみの友人がいるに違いない。幼いころからの友人もいれば、学校や最初の職場で知り合った友人もいるだろう。特別なイベントで出会った友人もいれば、親同士が親友という場合もある。

私たちがその人たちと今でも仲よくしているのは、電話やメール、手紙、会食などで旧交を温めているからだ。もし連絡がしばらく途絶えている人がいるなら、すぐにその人とコンタクトをとろう。きっとそうしてよかったと思うはずだ。

お互いに得をする状況をつくれば、共同作業が成功する可能性は高くなる。

エウリピデス（古代ギリシャの詩人）

私たちは恩恵を得るのが好きだが、それは誰しも同じことだ。だから他の人と一緒に何かをするとき、職場のプロジェクトであれ、家族旅行の計画であれ、全員がそれによって恩恵を得る方法を考えなければ、すべてがうまくいかなくなる。

お互いに得をする状況をつくるためには、相手が何を求めているかを理解する必要があり、それには相手の主張に耳を傾けなければならない。相手が恩恵を得るような解決策を模索すれば、自分も恩恵を得ることができる。

私たちは秘められた能力をもとに自分を評価し、世間は過去の功績をもとに私たちを評価する。

ヘンリー・ワーズワース・ロングフェロー（アメリカの詩人）

人生は就職の面接試験に似ている。私たちは「その気になれば何でもできる」と思って自分を過大評価する傾向があるが、世間は私たちが実際にしてきたことをもとに客観的に判断する。

完璧な友人を求めると、友人は永久に得られない。

イタリアのことわざ

興味深いことに、どんなに多くの友人がいても、その人たちの誰一人として完璧ではない。しかし、私たちは彼らの欠点にもかかわらず、いや欠点があるからこそ、彼らを愛している。これはとても素晴らしいことだ。なぜなら、もし相手に完璧を求めるなら、友人は一人もいなくなるからである。

相手にしてみれば、私たちのために完璧になるべき理由はどこにもない。ちょうど私たちにしてみれば、相手のために完璧になるべき理由がないのと同じである。

第4部

情熱を燃やす

悲しみは一時の苦痛だが、悲しみに浸っていると一生を棒に振る。

ベンジャミン・ディズレーリ（イギリスの政治家）

大切な人や物を失うことは苦痛である。それを失ったことを悲しむのは、誰にとっても自然なことであり、そのために生じた空白を埋めるには時間がかかる。その空白が大きければ大きいほど、それを埋めるのに長い時間を要する。

しかし、ある時点で私たちはその悲しみから立ち直る必要がある。だからといって、大切な人や物を失ったことを忘れるのではなく、ふたたび人生に立ち向かうということだ。たとえ大切な人や物を失っても、私たちは与えられた人生を精いっぱい生きるという責務を果たさなければならないのだ。

どんな気分であろうと、いつでも正しい行いをすることができる。

パール・バック（アメリカの作家）

子どもはすべきことをしない口実として、「そんな気分になれない」とよく不平を言う。ときには私たち大人も同じようなことを言う。私たちは自分がすべきことを知っているのに、それをするのを恐れたり面倒だと思って先延ばしにしたりする。

意志の強い人たちにとって、正しい行いをすることは簡単なように見えるかもしれない。しかし、彼らは常に自分を律しているのである。私たちは自分を甘やかして不平を言うのではなく、自分を律して速やかに行動を起こすべきだ。

この世で最も老いている人とは、生きる情熱を完全に失った人である。

ヘンリー・デイヴィッド・ソロー（アメリカの思想家）

老いの本当の兆候は、皮膚のしわ、白髪、体の痛みではなく、人生に対する情熱を失ったことである。人生に対する情熱を持っているかぎり、年齢に関係なくまだ若い。逆に人生に対する情熱を持っていないなら、何歳でも老いている。

学校に行って勉強している六十代の人や平和部隊に入って活動している七十代の人は称賛に値する。いくつになっても好奇心を持ち、新しいことに挑戦し、ワクワクしながら毎日を迎えられるのは、なんと素晴らしいことだろうか。

仕事で喜びを得る秘訣は、卓越性の追求である。
つまり、素晴らしい仕事をする方法を知ることが、
それによって喜びを得ることにつながる。

パール・バック（アメリカの作家）

どんな仕事であれ、心を込めて働けば、喜びを見いだすことができる。しかし、いい加減な働き方をするなら、喜びを見いだすことはできない。

私たちは仕事で常に卓越性を追求すべきである。それをするかぎり、どんなに平凡な作業でも大きな喜びを感じることができる。

早寝早起きを実践すれば、人間は健康で裕福で聡明になる。

ベンジャミン・フランクリン（アメリカの科学者、発明家、政治家）

暖かいベッドに入って目を閉じ、外の世界をしばらく遮断するのはとても気持ちがいい。夜ぐっすり睡眠をとることは、昼間のストレスから心身ともに回復するのに役立つ。早く床に就けば、朝早く起きることができる。そうすれば、一日の好スタートを切ることができるし、散歩や瞑想の時間を確保することもできる。

どの友人も私たちに新しい世界を見せてくれる。

アナイス・ニン（フランス出身のアメリカの作家）

どの友人も異なる個性を持っている。ある友人は一緒にトレーニングをして私たちの体を鍛えてくれる。別の友人は議論を通じて私たちの知性を磨いてくれる。さらに別の友人は映画や夕食を共にして私たちの社交性を豊かにしてくれる。

友人は私たちと似ていないこともあるが、だからこそ刺激を受けて新しい可能性に目覚めさせてくれるのだ。私たちはいろいろな友人のおかげで、心身ともに充実した人生を送ることができる。

嫉妬は、快楽が得られない唯一の悪徳である。

作者不詳

私たちは馬鹿げていると知りながら嫉妬にかられることがある。たとえば、幼いわが子に「幼稚園の先生が大好きだ」と言われて嫉妬し、兄弟をほめる親を見て嫉妬し、魅力的な有名人をたたえるパートナーを見て嫉妬する。

嫉妬心は相手への思い入れの証しではなく、自分の不安定な心理の証しである。子どもや親やパートナーに愛されていることを確信しているなら、相手が自分以外の誰に注目しようと嫉妬しないはずだ。

われわれは、いろいろなことが待っている純白のページに心をときめかせる。

ライナー・マリア・リルケ（オーストリアの詩人）

若さが素晴らしいのは、あらゆる可能性を秘めているからだ。まるで地平線が目の前に果てしなく広がっているようでワクワクする。

人生では何らかの選択をするたびに可能性のひとつが消え、すぐに別の可能性が生まれる。しかし、それは若さの特権ではない。私たちはいくつになろうと、いつも前を向いて新しい道を切り開くことができるのだ。

所有物を与えるとき、私たちは少ししか与えていない。
自分の時間を与えるときこそ、本当の意味で与えている。

カリール・ジブラン（レバノン出身の詩人）

慈善団体が支援を求めてきたとき、お金を与えるのはたやすい。友人が病気のとき、手紙を書いたりお見舞いを贈ったりするのは簡単だ。

しかし、もし自分の時間を与えるなら、慈善団体や友人にとってだけでなく、自分にとっても大きな意味を持つ。日ごろテレビを見て浪費している膨大な時間の一部を人助けのために費やせば、私たちの人生はもっと有意義なものになるからだ。

本当に幸せな人とは、回り道の景色を楽しめる人である。

作者不詳

人生では途中で回り道を余儀なくされることがよくある。その結果、計画していたこととはまったく違う方向に進んで、夢にも思わなかった仕事をして生計を立てることになる。あるいは、夢にも思わなかった場所で暮らすこともある。

そんなとき、うまくいかなかった計画を思い出してため息をつくこともできるが、予想外の展開になったことに喜びを感じることもできる。人生では失った機会を嘆き悲しむより、新しい機会を積極的に生かすほうがはるかに建設的だ。

笑いは、二人の距離を縮める最高の方法である。

ヴィクター・ボーグ（デンマーク出身のアメリカのユーモア作家）

相手を笑わせれば、その人を友人にすることができる。人はみな自分と同じことに面白さを感じる人に惹きつけられるからだ。

相手と一緒に笑えることは、ほかにも共通の関心事があることと、互いに似通った人生観を持っている可能性を示唆している。

愛と仕事は、人間に不可欠な営みである。

ジグムント・フロイト（オーストリアの精神医学者）

人はみな愛と仕事を必要としている。愛とは必ずしも恋愛という意味ではなく、子どもや親、友人、場合によってはペットを愛するという意味である。仕事とは必ずしも職業という意味ではなく、学業や家事、ボランティア活動という意味も含む。

私たちは誰かを愛するとき最高の自分になることができる。私たちは仕事をするとき自分が必要とされていることを感じ、高い目標を持つことができる。

愛と仕事は幸せな人生に不可欠な構成要素であり、私たちをより人間らしくする。

心の姿勢が正しければ、どんなことがあっても必ず目標を達成することができる。

しかし、心の姿勢が間違っていれば、どんなに多くの支援を得ても何も成し遂げることができない。

トーマス・ジェファーソン（アメリカ第3代大統領）

「絶対に無理だ」「できないに決まっている」「そんなことは誰にもできない」「訓練を受けていない」「十分な時間がない」などなど、私たちは特に努力しようともせず、何かができない言い訳を次々と思いつく。当然、そんなことで成果があがるはずがない。

しかし、「必ずできる」と確信し、情熱を持って課題に取り組むなら、どんなに困難なことでも成し遂げることができる。

私は誰かにほめてもらうと、まる二か月は気分よく過ごせる。

マーク・トウェイン（アメリカの作家）

私たちはさりげないほめ言葉が大きな意味を持っていることなど思いもよらないかもしれない。しかし、もし誰かに「よくできたね」「とてもかっこいいよ」「君にはたくさんの長所がある」と言われたら、どう感じるか考えてみよう。すぐに気分がよくなり、笑みがこぼれ、足どりが軽やかになるに違いない。

誰かが心を込めてほめてくれると、私たちはその人に好印象を抱き、「きっと優しい人なのだろう」と直感的に思う。心のこもったほめ言葉には、それくらい大きな力があるのだ。

すぐれた才能を持っていることと、その才能にふさわしい立派な人物であることはまったく別である。

ナディア・ブーランジェ（フランスの作曲家、教育者）

残念ながら、すぐれた才能を持っていても人格者だとはかぎらない。才能があっても人格がすぐれているとはかぎらないからだ。

もし何らかの点で傑出しているなら、それを特権ではなく幸運とみなし、常に自分を戒めて人格を磨くように心がけるべきである。

心の中でどう感じていようと、常に勝者のように振る舞おう。どんなに苦戦していても、確固たる自信を持っているような表情を見せれば、精神的に優位に立って勝利に近づくことができる。

アーサー・アッシュ（アメリカのテニス選手、ウィンブルドンの優勝者）

自信のある表情をし、そのように振る舞えば、相手は私たちが十分な能力を持っていると確信する。

しかし、私たちはまず自分を納得させなければならない。自信のある表情をし、そのように振る舞えば、やがて自分が十分な能力を持っていると確信することができる。

他人のあら探しをするのは簡単だが、自分がその人よりすぐれているかどうかは疑わしい。

プルタルコス（古代ギリシャの哲学者）

私たちは他人のあら探しをすることがあるが、自分がその人よりうまくできるかどうかはわからない。たしかに批判されても仕方がない人もいるが、他人を批判するときは多少の謙虚さが必要である。その人が最善を尽くしていて、自分がその人よりうまくできそうにない場合は特にそうだ。

いつも自分を磨いておこう。あなたは自分という窓を通して世の中を見なければならないのだから。

バーナード・ショー（イギリスの劇作家）

私たちは自分の信念と感情という独自のレンズを通して世の中を見る。だから私たちのものの見方は友人や知人のものの見方とは必然的に異なる。

私たちのものの見方は視野を広げたり狭めたりする。世の中をクリアに見るためには、絶えず自分の信念と想定を検証し、偏見の霧や無知の暗闇のためによく見えない状態を解消しなければならない。

不運を恐れる者は幸運に恵まれない。

ロシアのことわざ

人生は賭けである。実際、生きていくうえで、それを避けて通ることはできない。不運に見舞われるリスクを覚悟しなければ、幸運をつかむことはできないと言ってもいいぐらいだ。

しかも、リスクをとるかどうかに関係なく、不運に見舞われる可能性は常にある。したがって、学習し、成長し、よりよい人間になるためには、ときには思い切ってリスクをとったほうがいい。

誰にとっても、ある程度の反対意見は大いに役立つ。
それは凧《たこ》が順風ではなく逆風によって高く上がるのと似ている。

ジョン・ニール（アメリカの作家）

私たちは自分の意見に賛成してもらうと気分がよくなる。しかし、誰も反対意見を言ってくれないなら、大きな間違いを犯すおそれがある。

反対意見は気に入らないかもしれないが、それによって自分のアイデアを別の角度から検証し、改善するきっかけになることが多い。

私は成功するまで待てなかったので、成功する前に人生を体験することにした。

ジョナサン・ウィンタース（アメリカの俳優）

私たちは何らかの目標を達成するのを待ちながら、人生を体験するのを先延ばしにすることがよくある。たとえば、一定の体重を落とすまでデートを先延ばしにする、高級家具を入手するまで友人を自宅に招くのを先延ばしにする、仕事で成功するまで子どもをつくるのを先延ばしにする、などなど。

しかし、人生は一瞬たりとも待ってくれない。私たちが目標を達成するかどうかに関係なく、時間はどんどん過ぎ去っていく。だから、もししたいことがあるなら、今すぐにすべきである。

大きなことをしようと考えるあまり、
日々の小さなことを見過ごしてはいけない。
それが積もり積もると、やがて大きなことにつながるのだから。

マリアン・ライト・エデルマン（アメリカの社会活動家）

世の中には問題が山積しているので、私たちはどこから手をつけていいかわからず、戸惑いを感じるかもしれないが、常に何かをすることはできる。
慈善団体に百ドルを寄付する余裕がないなら、たとえ十ドルでも寄付するほうが何もしないよりいい。毎週ボランティア活動ができなくても、年に数時間でも参加すれば、困っている人たちの役に立つ。単に優しい言葉をかけるだけでもいい。もし多くの人がこんなふうに活動すれば、きっと世の中はよりよい場所になるはずだ。

人はみな欠点だらけで失敗も多いから、
お互いの愚かさを許す必要がある。
これは人生の第一のルールだ。

ヴォルテール（フランスの啓蒙思想家）

私たちは相手の欠点に腹を立てて膨大な時間を浪費しがちである。家族や友人、知人、同僚が期待にこたえてくれないことに不平を言い、店員がテキパキと対応してくれないことにクレームを言ったりする。

しかし、もし私たちが相手の欠点を受け入れ、相手も私たちの欠点を受け入れてくれれば、人生はとても快適になるに違いない。

老人にとって、学ぶ機会は常にある。

アイスキュロス（古代ギリシャの悲劇詩人）

いくつになっても、新しいことを学ぶ機会は常にある。新聞を読み、ラジオを聞き、友人と話し、授業を受けよう。あるいは、単に周囲の世界を観察するだけでも何かが学べる。どんなに年をとっても、心を開きさえすれば、私たちは何かを学ぶ機会に絶えず遭遇していることに気づくはずだ。それに意識を向け、疑問を投げかけ、答えを求めよう。たとえその答えがすでに知っていることでも、答えを求めることによって頭の働きがよくなり、世の中や人生に対する興味がより一層わいてくる。

相手の話にじっくり耳を傾けることは、相手に対する最も心のこもった行為である。

ジョイス・ブラザーズ（アメリカの心理学者）

私たちは自分を理解してくれる人に惹きつけられる。

では、どうやって自分を理解してくれていることがわかるか。話に耳を傾けながらうなずいてくれると、自分を理解してくれていると感じる。

相手の話に耳を傾けることは、相手に対する最も心のこもった行為のひとつだ。しかし残念ながら、私たちはそれを頻繁に実行していないかもしれない。

毎日、自分ができると思っているより
もう少し多くのことを成し遂げよう。

ローウェル・トーマス（アメリカの作家）

どんなに忙しい日でも、たいてい工夫次第でもう少し多くのことを成し遂げることができる。たとえば、少し早めに起きる、集中力を高める、テレビを見ない、などなど。要するに、時間の使い方にもっと気をつければいいのだ。

一日の終わりになって、予定していたよりも多くのことを成し遂げたことがわかれば気分がよくなる。その結果、満足感に浸って就寝し、翌日起きたら、さらにもっと多くのことを成し遂げたくなるに違いない。

謙虚さは、人生で起こりうるあらゆる変化に備えるための最高の知恵である。

ジョージ・アーリス（イギリスの俳優）

謙虚であることと自信がないことは同じではない。謙虚さとは、自分一人の力では限界があるから他人の支援を必要としていることを自覚することだ。

私たちは自分に大きな自信を持ちつつ、たった一人ではやっていけないことを理解しなければならない。

自分の力だけではできないことがあるという現実を直視すれば、謙虚な姿勢で他人に支援を求めて成果をあげることができる。

どんなにささいな仕事も有意義である。

ユダヤの格言

すべての仕事がお金と交換できるとはかぎらない。子どもの世話をすることであれ、愛する人のために食事を準備したりすることであれ、それは精神的な報酬をもたらす重要な仕事である。

自分の仕事を卑下したり他人の仕事を見下したりしてはいけない。もし卑下すべきことがあるとしたら、手を抜いていい加減な仕事をすることである。

冬は安らぎとおいしい食事の季節であり、室内で友人と人生について語り合ったり、暖炉のそばで家族との団らんを楽しんだりするのに打ってつけである。

イーディス・シットウェル（イギリスの詩人）

温暖な地域に住んでいても、冬は寒くて陰うつな季節というイメージがある。
しかし、この嫌われがちな季節を別の角度から見ると、休暇や特別な機会に仲間が集まって暖かく過ごせる季節でもある。私たちの最高の思い出の中には、冬の夜に家族や友人と楽しく語り合った経験が含まれているはずだ。

どれだけの人物になれるかは、幼い者に優しく接し、高齢者に共感し、困っている人に同情し、弱者に親切にすることができるかどうかにかかっている。あなたは自分の人生でこれらのすべての人になるのだから。

ジョージ・ワシントン・カーヴァー（アメリカの植物学者）

私たちは年をとるにつれて、若いときに年配者に別の接し方ができたのではないかと考える。逆に、年をとると、若い人の考え方や感じ方を忘れやすい。

ひとたび成功すると、困っている人たちにとって日々の生活がどんなに厳しいかがわからなくなる。また、いったんスキルを身につけると、スキルのない人たちに冷たく接してしまいやすい。

人びとは現実を見て疑問に思うだけだが、私は理想を思い描き、それを現実にするために挑戦する。

ロバート・ケネディ（アメリカの政治家）

どんな課題であれ、それを成し遂げるための第一歩は、自分はそれができると信じることだ。まずそういうポジティブな信念を抱くことから始めて、次にそれを成し遂げる方法を考える必要がある。

しかし、自分は何かができると信じることは、ときには強い意志の力を要する。「どうせ無理だ」と呼びかける声がどこかから聞こえてくるからだ。そういう声に耳を傾けると、挑戦する前に敗退してしまう。

自宅にいるとき、愛する人に笑顔を見せよう。道で出会った見知らぬ人には愛想よく振る舞うのに、家の中で不愛想に振る舞ってはいけない。

マヤ・アンジェロウ（アメリカの詩人、歌手、女優）

私たちは家の外で人に会うときは愛想よく振る舞うが、自宅では不愛想な振る舞いをしがちである。たとえば、家族に不平を言い、ときにはがみがみ言う。それでも愛してもらえると高をくくっているから、わざわざ笑顔を見せたりしない。

しかし、赤の他人に感じよく接することができるなら、家族にも感じよく接したらどうだろうか。そのほうがお互いに幸せな気分になれるはずだ。

不運に見舞われたら、知恵を絞ってそれを乗り越えよう。

フランシス・クォールズ（イギリスの詩人）

不運に見舞われても成功にたどり着く方法を見つける人がいる一方で、同様の状況に置かれて、自分が成功できない理由について延々と話す人がいる。両者の違いは、不運を乗り越えるために何をするかということだ。

一部の人は同じことを成し遂げるのに他の人たちの二倍の努力をしなければならないかもしれない。これは公平だろうか。もちろん、そんなことはない。しかし、文句を言ってエネルギーを浪費するより、この不公平な世の中で成果をあげるために努力するほうがはるかに建設的である。

粘り強さを発揮することで本来の自分が見えてくる。

トバイアス・ウルフ（アメリカの作家）

誰しもときには夢をあきらめたくなることがあるだろう。人生は冒険だと言われるが、私たちはたびたび翻弄される。

しかし、どんなにつらくても前進を続けよう。次の曲がり角には、それまで見たことのない素晴らしいものが待っているかもしれないから。

生き残るのは最も強い種や最も知的な種ではなく、変化に最も適応できる種である。

チャールズ・ダーウィン（イギリスの科学者）

多くの研究によると、年をとって最も幸せな人とは、世の中の変化に最もうまく適応してきた人である。変化を受け入れて適応することは、生涯にわたって役立つスキルなのだ。私たちが人生で直面する変化は無限にあるから、自分の適応力に磨きをかける機会も無限にある。

過去から現在にいたる道筋を知って初めて、われわれは未来を切り開くことができる。

アドレー・スティーブンソン（アメリカの政治家）

私たちは生きてきてたまたま現在地に到着したのではない。誰にでも歴史がある。たとえば、この場所に到着したのはなぜか。途中でどんな間違いを犯し、どんな賢明な選択をしたのか。

これから行きたい場所について計画を立てる前に、これまでたどってきた道筋を振り返ったほうがいい。同じ間違いを繰り返すのを避け、過去にうまくいった方法を参考にすべきである。

最も無駄な一日は、笑いのない一日だ。

E・E・カミングス（アメリカの詩人）

幸いにも笑うことはすぐにできる。元手はいらない。人種、思想、信条に関係なく、誰でも笑うことができる。笑いはすぐに周囲に広がる。笑うことが見つからなければ、いつでも自分を笑えばいい。

昨日は灰で、明日は薪《まき》だ。火が燃え盛るのは今日しかない。

エスキモーのことわざ

今日、私たちはここにいる。過去の素晴らしい思い出と未来への希望を持っているが、私たちが生きているのは今日である。

前方に道が見えたら、じっと眺めているのではなく歩き出そう。

アイン・ランド（ロシア出身のアメリカの思想家）

私たちは何かをする前に綿密に調査し、家族や友人と相談し、詳細な計画を立て、準備を万端に整える。

しかし、すべてを完璧にしようとするあまり、考えすぎて機会を逸することがよくある。

だから、たとえ完璧ではなくても、ある程度の準備ができたら、思い切って行動を起こしたほうがいい。

私たちは日ごろ雑多なことに振り回されがちだ。だから暮らしをもっとシンプルにしよう。

ヘンリー・デイヴィッド・ソロー（アメリカの思想家）

私たちは課題がたくさん書かれた「やることリスト」をいつも手元に置いて忙しく暮らしている。しかし、その中のいくつかを終わらせても、課題はまだいくつも残っている。

そこで、こんなふうに考えてみよう。課題をやり終えずに何か月もたっているなら、おそらくその課題はあまり重要ではない。リストの中の重要な課題だけをやり遂げて、あまり重要ではない課題は無視してもいいのかもしれない。

不要なものをいくら手に入れても
けっして幸せにはなれない。

エリック・ホッファー（アメリカの社会哲学者）

私たちは常により多くのものを欲しがる。より多くの所有物、より多くのお金など、それがいくらあっても足りないと感じ、もっとたくさん手に入れたら、きっと幸せになれると思っている。

しかし、私たちはよく考えるべきだ。すでに持っているものが幸せをもたらしてくれないなら、それをもっと手に入れて幸せになれるだろうか。

標的に命中させたいなら、照準を少し高くしろ。

ヘンリー・ワーズワース・ロングフェロー（アメリカの詩人）

目標を達成できなくても、それによって能力を伸ばすことができたなら、恥じるべきではない。たとえば、三時間以内でマラソンを完走したいなら、四時間で完走をめざすときとは違うトレーニングが必要だ。たとえ三時間以内に完走できなくても、四時間をめざしているときよりもよい成績を収められるだろう。

しかし、だからといって非現実的な目標を設定する必要はない。そんなことをしたら、失望して途中で投げ出してしまうおそれがある。現実的な範囲内で意欲的な目標を設定し、それによってモチベーションを高めればいい。

私はかねてから、誰かが目の前の問題について何もしないのはなぜだろうと思っていた。しかし、やがてその誰かとは自分だったことに気づいた。

リリー・トムリン（アメリカの女優）

道に落ちているゴミを見て、「不心得者がポイ捨てをしたに違いない。きっと誰かが掃除するだろう」と思いながら通り過ぎたことは何回くらいあるだろうか。

自分がかがんでそのゴミを拾い、最寄りのゴミ箱に入れるのはけっして難しくない。しかし、私たちはめったにそれをしない。それは別の人の責任だと思っているからだ。たぶん役割としてはそうなのかもしれないが、もし一人ひとりがひとつずつゴミを拾えば、すべての道はたちどころにきれいになるだろう。

他人に親切にするのに早すぎることはない。
なぜなら、そのタイミングをすぐに逸してしまうからだ。

ラルフ・ワルド・エマーソン（アメリカの思想家）

私たちは他人をほめる完璧な瞬間が訪れるのを待つべきではない。完璧な瞬間を待っていたら、永久にその機会を失いかねない。

私たちは他人に親切にしたいという気持ちを常に持つべきだ。そして、その衝動にかられたら、すぐにそれを実行しよう。きっと相手はそれによって元気づけられるだろう。

第5部

充実した人生を送る

充実した一日を過ごすと安らかな眠りにつくことができ、
充実した一生を過ごすと安らかな死を迎えることができる。

レオナルド・ダ・ヴィンチ（イタリアの画家、彫刻家、建築家、科学者）

忙しい一日のあとでベッドにもぐり込むのは、とても気持ちがいいものだ。自分がその日にした仕事と大切にしている人とのふれあいに満足し、世の中を少しでもよくしたという喜びに浸りながらぐっすりと眠ることができる。

毎日、この充実した一日を継続しよう。私たちは社会に何らかの貢献をしたという満足感を持って、毎晩、床に就いているだろうか。

神はクルミを与えてくださるが、それを割ってはくださらない。

フランツ・カフカ（チェコの作家）

「チャンスが訪れれば、成功が手に入るのだが」と私たちはいつもひそかに思っている。そして、自分より成功している人をうらやむ。きっと彼らは大きなチャンスに恵まれたに違いない、と。

しかし、私たちは自分が思っているよりも多くのチャンスに恵まれている。それに気づいて生かすかどうかは、自分次第である。つまり、チャンスをつかんで成功するためには、一生懸命に努力しなければならないのだ。

チームが全体として機能するかどうかが成否を分ける。いくらスター選手を集めても、力を合わせてプレーしないかぎり、そのチームにはなんの価値もない。

ベーブ・ルース（アメリカの野球選手）

私たちは個人のスキルを重視し、それをたたえ、栄誉やお金を与えて祝福する。しかし、功績はたいてい個人の働きによるものだけでなく、共同作業が含まれる。個人の成功は同僚や友人、家族の支援の上に成り立っていることを忘れてはいけない。

個人のスキルを集団の中でうまく活用する方法を学ぶことは生涯の課題だが、それは意外と楽しい課題である。個人的な成功は誰にとっても嬉しいが、成功しているチームの一員であることは非常に素晴らしい体験だからだ。

怒りに固執することは、薪《まき》の燃えさしを相手に投げつけようとして握りしめるようなものだ。結局、それによって火傷《やけど》を負うのは自分自身である。

ブッダ（仏教の開祖）

自分を傷つけた相手を恨み続ける人は、怒りによって自分の人生を支配されている。しかし、相手はそんなことなどまったく気にかけていないかもしれない。

「これは正当な怒りだ」と思っているかもしれないが、怒りに固執することによって自分がさらに傷つくことを正当化できるだろうか。不当に扱われたことを何度も聞かされてうんざりする友人の気持ちを考えたことがあるだろうか。いつまでそんなことをして自分の人生を台無しにするつもりだろうか。

幸せとは、いつも体調がよくて物覚えが少し悪いことね。

イングリッド・バーグマン（スウェーデン出身のハリウッド女優）

私たちは物覚えが悪いことについて心配する。そこで、手帳にメモをしてポケットの中に入れたり、家の中のよく目につく場所に貼ったりする。さらに、名前や場所を覚えるためにいろいろな工夫をする。

しかし、場合によっては忘れたほうが幸せになれることもある。誰かに裏切られたり、恥をかかされたり、泣かされたりしたことは忘れてしまおう。そんなことをいつまでも覚えていても何の得にもならない。

同時代の人や先人を超えようとする必要はない。自分を超えるために努力すればいいのだ。

ウィリアム・フォークナー（アメリカの作家）

スポーツの世界には「自己ベスト」という考え方がある。つまり、自分の最大のライバルは自分だということだ。今日の自分は昨日の自分よりすぐれているだろうか。明日の自分はさらによくなるだろうか。

自分と競い合うことは、他人と競い合うことよりも健全である。そのひとつの理由は、自分をごまかすことはできないことだ。そして、もうひとつの理由は、自分と競い合うかぎり、羨望や反感を抱かずにすむことである。

懐疑論者や皮肉屋によって
世の中の問題が解決されることはない。
われわれに必要なのは、
今までになかった斬新な発想ができる人材だ。

ジョン・F・ケネディ（アメリカ第35代大統領）

もし問題解決がいつもと同じやり方でできるなら、問題を抱えている人は一人もいなくなるだろう。自分の問題であれ世の中の問題であれ、それを解決するには創造性が必要だ。最初は馬鹿げたように思えるアイデアでも、試してみたら意外とうまくいくかもしれない。

知識なら与えることができるが、知恵はそういうわけにはいかない。

ヘルマン・ヘッセ（ドイツの作家）

知識と知恵は同じではない。知識は事実と情報の集積だが、知恵は経験を積んで得た能力である。

知識は他の人からいくらでも教わることができるが、知恵は自分で人生を歩みながら獲得しなければならない。だから、どんなにたくさんの知識を持っていても、知恵があるとはかぎらない。

危機に直面すると、人格者は自分を信頼し、責任を持って道を切り開く。

シャルル・ド・ゴール（フランスの政治家）

究極的に、私たちは自分の選択に責任を持たなければならない。運がよければ家族や友人から大きな支援が得られるが、最終的には自分で決定し、それに責任を持つ必要がある。正しくても間違っていても、それは自分次第だ。

深呼吸をして、周囲の人のアドバイスを参考にし、自分の経験をもとに判断したうえで、最善策だと思うことを実行しよう。それでうまくいけば満足できるが、うまくいかなければ、その責任を受け入れて改善すればいい。

頭を抱えている友人を見て、
「力になれることはないか」とたずねて困惑させてはいけない。
そんな質問をするより、機転をきかせて
相手のためになることを素早く実行しよう。

E・W・ハウ（アメリカの作家）

「手伝えることがあったら言ってほしい」というセリフは、最も役に立たない言葉のひとつかもしれない。病気や悲嘆、苦難によって打ちひしがれている人は、自分が必要としている支援を表立って求めるとはかぎらないからだ。たとえ自分が何を必要としているかを知っていても、それを周囲の人に言うのをためらうだろう。

炊事や掃除、育児のように日常的なことですら、窮地に陥っている人には大きな困難をともなう。そんなときはみずから救いの手を差し伸べたほうがいい。

他人の自信を打ち砕くのは簡単である。しかも、ひどく簡単だ。そうやって他人の心を破壊するのは悪魔の所業である。

バーナード・ショー（イギリスの劇作家）

言葉はときには強力な武器となり、棍棒や弾丸よりも大きな破壊力を持つ。ほんの少し厳しい言葉を投げかけるだけで、相手を悲しませたり怒らせたりするからだ。どんな人でも絶えず批判にさらされると自信を失ってしまう。

しかし、相手に自信を失わせても何の得にもならない。厳しい言葉を投げかけて自分の怒りを解消したところで、相手に与えた痛みはやがて何らかのかたちで自分に返ってくる。

勇気とは、立ち上がって話すために必要な資質であるだけでなく、じっと座って耳を傾けるためにも必要な資質である。

作者不詳

私たちは他人に対してよく自己主張をする。そして、そのためにときおりトラブルに巻き込まれる。相手が私たちの主張に賛同するとはかぎらないからだ。

大切なのは、相手の主張に耳を傾けて、それを真剣に考慮することだ。私たちは自分が次に言いたいことを考えるあまり、相手が言おうとしていることにほとんど耳を傾けていないことがよくある。

自分が本当にしたいことをいつもしていると、仕事と遊びの区別は消える。

シャクティ・ガワイン（アメリカの作家）

幸運にも、一部の人は充実感を得られる職業に就いている。彼らは「毎朝、仕事に出かけるのが楽しみで、働いていると時間がすぐに過ぎる」と言う。

もちろん、誰もが充実感を得られる職業に就いているわけではない。しかし、どんなに決まりきった退屈な作業でも、自分の仕事をより有意義にする方法は必ず見つかる。たとえば、どうすれば同僚や顧客の役に立つか、どうすれば自分の仕事をワクワクするものにできるかを考えるのだ。

何かをすることの最大の報酬は、それをする機会がたくさん得られることだ。

ジョナス・ソーク（アメリカの医学者）

周囲の人より早く仕事をすれば、もっと多くの仕事を任される。それについて不平を言いたくなるかもしれないが、ほとんどの人は忙しくすることを好む。

職場であれ家庭であれ、することがないと時間が過ぎずに苦痛を感じる。そういう意味で、すべきことは少なすぎるより多すぎるほうがずっといい。

働くこと、または何かをすることは、自分の存在価値を決定する方法のひとつである。私たちは自分の存在価値を高めるためにより多くの仕事を必要としている。

人間はステンドグラスに似ている。太陽が輝いているとステンドグラスも輝くが、太陽が沈んだときに本当の美しさがあらわになる。ただし、それは内面から光を放っている場合にかぎられる。

エリザベス・キューブラー・ロス（アメリカの精神科医）

順境のときに一緒にいて楽しい人はたくさんいる。彼らは親切で温かく、私たちはそういう人を友人に持つことができて幸せを感じる。

しかし、逆境のときに一緒にいて楽しい人は、そう多くない。そのわずかな人たちは、その人自身がどんなに苦しくても親切で温かく、いつも優しい言葉で私たちを勇気づけてくれる。

心身の健康の秘訣は、過去について嘆かず、
未来について心配せず、
現在の瞬間に集中して生きることである。

ブッダ（仏教の開祖）

私たちの思考はときおり過去にさかのぼったり、未来をさまよったりする。きっと古きよき時代をなつかしみ、明るい未来を夢見ているのだろう。あるいは、過去の間違いをほじくり出したり、これから起こりうる問題におののいたりして自分を懲らしめているのかもしれない。

しかし、過去や未来に意識を集中したときに失うのは、今この瞬間である。私たちは今この瞬間をもっと大切にして生きるべきだ。

私たちが大人になるのは、「ときには間違ってもいい」と気づくときだ。

トーマス・サズ（ハンガリー出身のアメリカの精神科医）

私たちはときには間違いを犯す。たしかに間違うと好ましくない結果が待ち受けているだろう。自分が愚かで無能に思えるかもしれないし、自分の言動に対して償いをしなければならないかもしれない。しかし、人間である以上、どんなに避けようとしても、間違いを犯してしまうものだ。

「ときには間違ってもいい」と自分に言い聞かせよう。大切なのは、その間違いから教訓を得て、同じ間違いを繰り返さないようにすることだ。

学ぶことは宝物を手に入れることであり、その恩恵は生涯にわたって永続する。

中国のことわざ

人びとは学校で何年間も過ごす。その後、社会に出ると、本を読んで学ぶ人もいるし、専門家の助言を仰ぐ人もいる。また、自分で疑問の答えを見つけようとする人もいる。

いずれにせよ、学ぶことをやめてはいけない。私たちは学習を学校教育に限定せず、さまざまな疑問に対する答えを何らかのかたちで生涯にわたって探し求める必要がある。

人間は意志力によって変貌を遂げることができる。

ヘンリック・イプセン（ノルウェーの劇作家）

私たちはどうやって自分を変えればいいのだろうか。どうやって世界を変えればいいのだろうか。

私たちは、偉人たちの力で世界平和が実現すれば、飢餓が撲滅され、子どもたちが安全に成長する機会が得られると期待している。

しかし、人はみな自分の意志力によって世の中に小さな働きかけをすることができる。もし一人ひとりがそれを実行すれば、世界は確実に変わっていくだろう。

私は広告を見ないことにしている。広告を見てしまうと、いくらでも欲しくなって膨大な浪費をすることになるから。

フランツ・カフカ（チェコの作家）

私たちはモノに囲まれて暮らしている。あらゆる種類の電子機器、家電製品、家具、家庭用品、衣服、装飾品、本、絵画、道具などがそうだ。ところが、ほとんどの人はもっと欲しがる。しかも、もっと手に入れると、さらに欲しくなる。

私たちは「これを買わないと幸せになれない」とか「新製品を手に入れないと時代遅れになる」と喧伝する広告にさらされて生きている。このように消費をあおる販売戦略に対抗するには強い意志が必要だ。

今では実現可能だと証明されていることでも、かつては単なる想像上のことにすぎなかった。

ウィリアム・ブレイク（イギリスの詩人、画家）

人間が月に到着する？　それはかつて絵空事だったが、すでに現実となった。

世界中の人と即座にコミュニケーションをとる？　たしかにそれは奇跡的なことだが、私たちはもうすっかり慣れていて、まったく驚きを感じない。

それと同様に、現時点では馬鹿げているか不可能なように思えることでも、近いうちにごく普通のことになることがたくさんあるに違いない。

親友はすべての恩恵の中で最も素晴らしいものだ。

ラ・ロシュフコー（フランスの思想家）

たいていの場合、私たちは仕事や恋人を得るのと同じ方法で友人を得るわけではない。たぶん友人は自然にできるものだ。仕事や遊びを通じて共通点があることを発見し、友情が徐々に芽生える。あるいは、困難を一緒に乗り越える中で友情が芽生えることもある。

私たちは何気なく友人をつくるが、いったん自分の人生の一部になれば、友人を軽んじないように気をつけなければならない。よき友人は私たちをより善良で、より幸せで、より強い人間にしてくれるし、私たちも同じことを彼らに対してすべきである。

受け取ったものに対して表彰された人はいない。
表彰とは、その人が世の中に与えたものに対する褒美である。

カルビン・クーリッジ（アメリカ第30代大統領）

私たちは世の中のために尽力した人たちに感銘を受ける。彼らが利他の精神を発揮して世の中をよりよくしたことは、個人が困難を乗り越えて社会のために何ができるかを示している。

どんなに忙しくても、私たちは世の中をよりよくするために尽力すべきだ。それをしたことを後悔することはけっしてないはずである。

たとえ正しい方向を向いていても、じっと座っていたら、車にひかれてしまう。

ウィル・ロジャース（アメリカのユーモア作家）

目標を達成するために計画を立てて入念に準備をするだけでは十分ではない。遅かれ早かれ、私たちは行動を起こさなければならないのだ。もちろん、それはリスクをともなう。途中で挫折するかもしれないからだ。しかし、目標を達成するためには行動を起こす以外に選択肢はない。

私は自分を祝いながら歌を歌う。

ウォルト・ホイットマン（アメリカの詩人）

自分を祝うというと、少し奇妙な印象を受けるかもしれない。誰かに祝ってもらうのは嬉しいが、自分で自分を祝うのは自己中心的な感じがするだろう。

しかし、子どもは自分を祝うのが好きだ。赤ちゃんは歩き出すと嬉しそうにするし、幼い子どもは新しいことがうまくできたら大喜びする。

私たちも生きていることの喜びに浸ったらどうだろうか。人生は祝うだけの価値があるのだから。

もし人生をやり直せるなら、私はもっと早く同じ間違いを犯したい。

タルラー・バンクヘッド（アメリカの女優）

私たちは間違いを犯すことによって深みのある人間になることができる。たしかに苦しみを味わい、恥をかき、他人に迷惑をかけるかもしれない。しかし、間違いを犯したおかげで教訓を得て成長することができる。

もちろん、わざと間違いを犯す必要はないが、少し時間がたってから振り返ると、間違いの中には有意義なものも含まれていることがわかるはずだ。

喜びを分かち合うことは、
自分と相手を結びつける懸け橋になり、
お互いの理解を促進し、仲たがいの危険を少なくする。

オードレ・ロード（アメリカの詩人）

冗談を言い、面白い映画を観て、一緒に食事に出かけると、相手と楽しい時間を共有することができる。そして、そういう機会を増やせば、お互いに対する理解を深め、趣味や価値観が多少異なっていても、それに敬意を示して相違点を受け入れることができる。

絶えず他人のために善行を施していれば、おそらくどんな性格の人でも善良な人間になることができる。

ルイス・オーキンクロス（アメリカの作家、弁護士）

私たちはときおり自分の善良さを疑う。なぜなら、心の中で邪悪な思いを抱いたり、他人に親切にする機会を見送ったりするからだ。私たちは、自分の内面を他人にのぞかれたら悪人だと思われることを危惧し、そう思われないようにやむを得ず善行を施すかもしれない。

しかし、たとえ義務感からでも他人のために善行を施そう。それは何もしないよりずっといいことだ。

怒りの結末は怒りの原因よりもはるかに嘆かわしい。

マルクス・アウレリウス（ローマ皇帝、五賢帝の一人）

誰かともめていて、あとになって何についてもめていたのかを覚えていないことがよくある。しかし、私たちはもめている最中に残酷なことを口走りやすい。意図的かどうかは別として、他人はときおり私たちを傷つける。そして、私たちはそれに怒りを感じるのは当然だと思い、自分の怒りを正当化する。しかし、正当かどうかに関係なく、怒りは常に有害だ。私たちは他人がすることについては何もできないが、自分がそれにどう対処するかはコントロールできる。

速い者がレースに勝つとはかぎらない。レースに勝つのは走り続ける者である。

作者不詳

人生の成否のカギを握るのは、途中で障害に出くわしても前進し続けることだ。ウサギとカメの寓話でもそうだが、人生では何よりも粘り強さが大切になる。あまりにも早く富と名声と権力を得た人たちが、その後どうなるかは、ゴシップ誌に実例がたくさん紹介されている。私たちは日々の仕事に精を出し、焦らずにこつこつ努力して着実に歩んでいくべきである。

すべての気晴らしの中で、
実用的で娯楽性のある本を読むことほど
空き時間を埋めるのに適した行為はない。

ジョゼフ・アディソン（イギリスの詩人、政治家）

遠い場所を訪れるだけのお金がないときは、本を読めばいい。天気が悪くて家で退屈しているときは、読書が打ってつけだ。新しいことを学んだりスキルを身につけたりしたいときは、本から学ぶことができる。

生きているかぎり、この世での使命は終わっていない。

リチャード・バック（アメリカの作家）

自分を向上させ、世の中をよりよくする必要がなくなるのはいつか。それは自分が死ぬときである。

生きているかぎり、じっとして何もしないという選択肢はありえない。私たちは世の中をよりよくするために、できるだけ長く全力を尽くすべきだ。

必ず人気を博すのは、人びとを笑わせる真実のストーリーである。

カール・ライナー（アメリカの映画監督）

私たちは面白いジョークが大好きだ。しかし、たいていの場合、私たちが笑い転げるのは、誰かがその人の人生で本当にあったエピソードを聞かせてくれるときだ。

たとえユーモアのセンスがなくても、自分の恥ずかしい体験談を紹介すると友人が楽しんでくれるだけでなく、自分も笑うことができ気が楽になることがよくある。

私たちは自分のミスの責任をとることができるまで大人になりきれていない。大切なのは、「それはうまくいかなかった」と言うのをやめて、「それは私のミスだ」と言えるかどうかである。

シドニー・ハリス（アメリカのジャーナリスト）

自分のミスの責任をとることは、倫理の基本原理である。しかし、報道番組を少し見れば、権力者や責任者が自分のミスをめったに認めようとしないことがすぐにわかる。

その理由は明らかだ。ほとんどの人は人前で自分のミスを認める勇気がないのである。

しかし、自分のミスを認めて責任をとることが大人の証しであることは、誰もが知っているとおりだ。

人間は年をとってから本当の美しさを発揮する。

アヌーク・エーメ（フランス出身の女優）

若さは特別な魅力を持っている。瞳はキラキラしているし、肌はつやがあるし、体はしなやかだ。

しかし、本当の美しさは若い人にはないものを必要としている。美しさとは単なる魅力的な特徴の寄せ集めではない。実際、それはその正反対かもしれない。本当の美しさは豊かな経験と知識と知恵から生まれる。それは肉体的な美しさではなく内面の美しさを映し出したものだ。

理想とは夜空の星のようなものだ。
私たちは星には手が届かないが、
水夫のように星を見ながら進路を決めるべきである。

カール・シュルツ（ドイツ出身のアメリカの政治家）

理想に近づけなくてもがっかりする必要はない。人生は理想どおりにはけっしていかないものだ。
しかし、私たちは常に理想を掲げ、それに向かって努力すべきである。そもそも理想がなければ、何に向かって努力すればいいのだろうか。

私たちはシンプルなことに喜びを見いだすべきである。

ラドヤード・キプリング（イギリスの作家）

楽しく過ごすためにお金は必要ない。世の中は私たちを喜ばせてくれるものであふれているからだ。たとえば、小鳥のさえずり、花の香り、子どもの笑顔がそうである。それらを楽しむのにコストはかからない。

他人に安らぎを与えてもらおうとするより、
みずから他人に安らぎを与えよう。
他人に理解を求めようとするより、
みずから他人を理解する努力をしよう。

アッシジの聖フランシスコ（カトリックの修道士）

他人を利用しようとするより他人のために役立とうとするとき、私たちはよりよい人間になることができる。しかも、そのほうが幸せを感じることができる。

他人に理解を求めようとするより他人を理解しようとするとき、私たちは相手の言うことに耳を傾ける必要がある。しかも、そのほうが相手に安らぎを与えることができる。

他人のために何をすべきかを常に考えて実行するなら、人格はおのずと磨かれる。人格は副産物であり、自分のことばかり考えている人は利己的な輩《やから》になる。

ウッドロウ・ウィルソン（アメリカ第28代大統領）

人格を磨くためには、他人のために善行を施すべきである。自分の世間体をよくすることだけを目標にするのは利己的な振る舞いだ。そんな態度からは何ひとつとしてよいものは生まれない。

せっぱ詰まる前に変化を起こそう。

ジャック・ウェルチ（アメリカの実業家）

私たちは変化をいやがるが、それ以外に選択肢がなくなれば変化を起こす。そして、変化に対処する方法を見つける。

しかし、せっぱ詰まってから変化を起こすのではなく、率先して変化を起こすほうがいい。変化の必要性を予見し、計画を立てて積極的に変化を起こそう。きっとそのほうがよりよい結果につながるはずだ。

いったん自分の弱点がわかれば、おそらくそれはもう自分に害をおよぼさない。

ゲオルク・クリストフ・リヒテンベルク（ドイツの科学者）

自分の弱点を直視するのは容易ではない。しかし、それができれば、弱点を克服していくことができる。

私たちは自分の弱点をすべて把握しているだろうか。親友に頼めば、たぶんそれを優しく指摘し、克服につながる方法を教えてくれるかもしれない。

人格はゆっくりと築き上げられ、あっという間に破壊される。

フェイス・ボールドウィン（アメリカの作家）

私たちは精神的に強いと同時に弱い。これは人間存在の矛盾のひとつだ。ときにはどんな苦しみにも耐えられるように見えるが、厳しい言葉を少しかけられただけで落ち込んでしまうこともある。そのために私たちは自分が思っているほど強くないことを痛感する。

したがって、人に親切にする方法のひとつは、相手の自尊心を大切に扱うことだ。そうすることによってお互いに幸せな気分に浸ることができる。

人はみな困っている人を助けたいと思っているのだけれど、誰も率先してやりたがらない。

パール・ベイリー（アメリカの歌手、女優）

私たちは恥をかくことを恐れるあまり、困っている人がいても、誰かが率先して手を差し伸べるまでじっと待ち、それを見てから同じことをする。

しかし、もしすべての人がこんなふうに振る舞えば、誰も必要な支援を得られなくなる。

不幸なことに、よい習慣をやめるのは悪い習慣をやめるよりもずっと簡単だ。

サマセット・モーム（イギリスの作家）

私たちは毎日運動すると誓いつつ、「今日は天気が悪い」「予定が詰まっている」「急にやる気がなくなった」などと言い訳をする。

私たちは健康的な食生活を心がけると誓いつつ、「今日は時間がないから」「ジャンクフードで間に合わせよう」「ダイエットは明日から再開すればいい」などと言い訳をする。

よい習慣をやめるのはとても簡単なのに、悪い習慣をやめるのは非常に難しいのはなぜなのだろうか。

素晴らしいものは、けっしてすぐにはでき上がらない。

エピクテトス（古代ギリシャの哲学者）

家庭であれ、人間関係であれ、素晴らしいものを築くには時間がかかる。そのプロセスを急ごうとすると、たいていうまくいかずに不満がたまる。しかも、期待していたよりもよくないものになる可能性が高い。

大切なものは急いで仕上げようとしないほうがいい。むしろ、じっくり時間をかけて長続きするものを築き上げるほうが深い満足につながる。

批判するのではなく、解決策を見つけよ。

ヘンリー・フォード（アメリカの実業家、フォード・モーターの創業者）

私たちはミスを犯した人を批判するばかりで、有意義なアイデアを提供せず、何の役にも立っていないことがよくある。

すべての問題は解決策を必要としている。たとえ正解がわからなくても、有意義なアイデアを提供するために努力し、問題解決に取り組んでいる人たちを支援することはできる。

いくら知識を増やしても、好奇心はなくならない。なぜなら、謎はますます増えるばかりだからだ。

アナイス・ニン（フランス出身の著作家）

私たちは学べば学ぶほど、世の中が驚きにあふれ、自分がそれについてほとんど知らないことに気づく。

科学をたくさん学ぶと世の中の驚きが減ることを心配する人もいる。たとえば、鳥の生態を科学的に学んだからといって、鳥のさえずりを楽しめなくなることはない。むしろ、その楽しみが増していくぐらいだ。

他人に幸せになってほしいなら、他人の苦しみに共感しよう。
自分が幸せになりたいなら、他人の苦しみに共感しよう。

ダライ・ラマ14世（チベット仏教の法王）

共感は同情や哀れみと同じではない。共感はより強い感情である。共感とは、他人の苦しみを理解し、それについて何かをしたいと思うことだ。

私たちは共感するとき、「それはお気の毒に」と言うだけでなく、相手の苦しみを和らげてあげたいと思い、そのために全力を尽くすことに喜びを感じる。

人びとが取り乱すのは、取り乱すような解釈をするからだ。

アルバート・エリス（アメリカの心理学者）

私たちが取り乱すのは、人生の出来事そのものではなく、それに対する考え方に原因がある。

ほとんどの人は悪いことが起こると、「ああ、もうダメだ」と悲観する。しかし、同じ状況でも「適切に対処すれば、なんとかなる」と楽観的に考える人もいる。つまり、同じ状況でも正反対の見方があるということだ。人生でどんな出来事に見舞われるかはたいていどうにもならないが、それにどう対処するかは自分次第である。

正直かつ勇敢に生きるなら、経験を通じて大きく成長することができる。

エレノア・ルーズベルト（アメリカの社会運動家）

もし経験が偉大な教師なら、いろいろな経験を通じてあまり学んでいないように見える人が多いのはなぜだろうか。

経験そのものよりも、その経験にどう対処するかが成否を分ける。失業したとき、落ち込み、引きこもり、他人を責める人がいる一方で、気分を切り替えて転職し、奮起して成功する人もいる。同じ経験をしても、心の姿勢によって正反対の結果をもたらすのである。

人間は他人の苦しみに共感を抱くこともできるが、
無関心でいることもできる。
しかし、共感を育み、無関心を克服することが、
人間としての務めである。

ノーマン・カズンズ（アメリカのジャーナリスト）

共感は人間に生まれつき備わっている資質ではない。実際、子どもは総じて利己的である。しかし、彼らはいろいろな人から教わって共感を育む。

とはいえ、共感を育むのは子ども時代に限定されるべきではない。私たちは他人の苦しみに対してどれだけ無関心なのだろうか。たとえば、「それは本人の自己責任だ」と言って他人の苦しみを無視することがよくある。しかし、その人の立場で考えれば、共感を育むことができるはずだ。

ときには幸福の追求を中止し、普段の生活に幸せを見いだすことは、とても有意義である。

ギヨーム・アポリネール（イタリア出身のポーランドの詩人）

私たちはときおり大金を払ってイベントのチケットを買ったり、高級レストランで食事をしたりする。たしかにそういう活動は幸せな気分にさせてくれるかもしれないが、贅沢をしなくても幸せを感じることができる。

何らかの活動をするために特定の場所に急いで行くことは、ストレスをともないやすい。しかも、その請求書が届くと、心が沈む。しかし、私たちは外に出てお金を使わなくても、愛する人と家で楽しく過ごして幸せな気分に浸ることができる。

私はいつも大らかな気持ちで生きるという決意を貫くように努めている。

ジョン・バローズ（アメリカの博物学者）

蛇口から水が漏れている、部屋が散らかっている、庭の雑草が伸びている、夕食の準備を忘れた、などなど、ささいなことでも積もり積もると、イライラがつのって一日が台無しになりかねない。しかし、その原因は、私たちの心の持ち方にある。

常に大きく考えることはできないが、ささいなことにこだわらず、その数に圧倒されないようにすることならできる。

相手にお礼の気持ちを伝えることは最大の急務である。

ジェームズ・アレン（イギリスの哲学者）

私たちは誰かに親切にしてもらったとき、自分がどんなに感謝しているかを知ってもらっていると思い、礼状を書かずにすませることがよくある。

しかし、自分が誰かに親切にして礼状をもらったとき、どう感じたかを思い出そう。礼状を書くことは単なる社交辞令ではなく、それ自体が思いやりの証しであり、心のこもった親切な行為なのだ。

喜びに浸る機会は毎日のようにもたらされる。

オプラ・ウィンフリー（アメリカのテレビ司会者）

愚かなように見えるかもしれないが、全身全霊を傾けて喜びに浸ろう。人生はあまりにも短い。だからできるかぎり情熱的に、毎日の喜びを感じながら生きよう。

思い切って冒険をしよう。そうしなければ、人生はあまりにも味気ない。

テネシー・ウィリアムズ（アメリカの劇作家）

私たちは子どものころからずっと、安全な生き方をするようにアドバイスされてきた。もちろん、無謀な行為は避けるべきである。しかし、何らかのリスクをとらなければ、成長することはできない。

私たちはときには冒険をして、決まりきった生活に変化をもたらす必要がある。そうすれば、いつか人生を振り返って、大胆なことに挑戦してワクワクしたことをなつかしく思い出すことができる。

悲嘆に暮れている人に優しい言葉をかけることは、鉄道のスイッチを切り替えるようなものだ。それを実行すれば、相手を破滅の淵から救って繁栄に導くことができる。

ヘンリー・ウォード・ビーチャー（アメリカの牧師）

家族や友人が困っているとき、私たちは自分の言葉にどれだけの意味があるか疑問に思う。相手が大きな悲しみに浸っているとき、優しい言葉をかけても効果がないような気がするからだ。

しかし、たいていの場合、私たちが相手にどんな言葉をかけるかよりも、相手を気づかって何らかの言葉をかけることのほうが大きな意味を持つ。つまり、言葉の内容ではなく、その背後にある気持ちが重要なのだ。

世の中の幸せの総量を増やすのは、実に簡単である。
落ち込んでいる人に心を込めて優しい言葉をかければいいからだ。
あなたは明日になったらその言葉を忘れているかもしれないが、
きっと相手はそれを生涯にわたって大切にするだろう。

デール・カーネギー（アメリカの作家）

自分の言葉が相手を励ます結果になり、望外の喜びを感じることがある。自分が相手の人生に役立つとは思いもよらなかったからだ。

他人にかけた言葉は、あとで何らかのかたちで自分に返ってくる。だから、私たちは他人に対して言うことについて常に熟慮する必要がある。

おわりに

人生というのは、まるで玉ねぎのようなものだ。一皮ずつ剥《む》いていると、ときには涙が出てくる。

カール・サンドバーグ（アメリカの詩人）

どんなに勉強し、どんなに熟考しても、人生について知り尽くすことはできない。いくつになっても、わからないことはいくらでもある。

私たちにできるのは、人生を歩みながらすべての段階を楽しむことだ。ときには困難な時期を経験するかもしれないが、きっとそのあとに幸せで実り豊かな時期が訪れることを確信しよう。たとえ人生がうまくいかないときでも、常に前向きな姿勢で生きていくことが大切だ。

至高の名言

発行日　2019年　6月30日　第1刷

Author　リンダ・ピコーン

Translator　弓場隆
Book Designer　西垂水敦・市川さつき（krran）

Publication　株式会社ディスカヴァー・トゥエンティワン
〒102-0093　東京都千代田区平河町2-16-1 平河町森タワー11F
TEL　03-3237-8321（代表）03-3237-8345（営業）
FAX　03-3237-8323
http://www.d21.co.jp

Publisher　干場弓子
Editor　藤田浩芳　渡辺基志

Marketing Group
Staff　清水達也　千葉潤子　飯田智樹　佐藤昌幸　谷口奈緒美　蛯原昇　安永智洋
古矢薫　鍋田匠伴　佐竹祐哉　梅本翔太　榊原僚　廣内悠理　橋本莉奈
川島理　庄司知世　小木曽礼丈　越野志絵良　佐々木玲奈　高橋雛乃
佐藤淳基　志摩晃司　井上竜之介　小山怜那　斎藤悠人　三角真穂　宮田有利子

Productive Group
Staff　千葉正幸　原典宏　林秀樹　三谷祐一　大山聡子　大竹朝子　堀部直人　林拓馬
松石悠　木下智尋　安永姫菜　谷中卓

Digital Group
Staff　伊東佑真　岡本典子　三輪真也　西川なつか　高良彰子　牧野類　倉田華
伊藤光太郎　阿奈美佳　早水真吾　榎本貴子　中澤泰宏

Global & Public Relations Group
Staff　郭迪　田中亜紀　杉田彰子　奥田千晶　連苑如　施華琴

Operations & Accounting Group
Staff　小関勝則　松原史与志　山中麻吏　小田孝文　福永友紀　井筒浩　小田木もも
池田望　福田章平　石光まゆ子

Assistant Staff　俵敬子　町田加奈子　丸山香織　井澤徳子　藤井多穂子　藤井かおり
葛目美枝子　伊藤香　鈴木洋子　石橋佐知子　伊藤由美　畑野衣見
宮崎陽子　並木楓　倉次みのり

Proofreader　文字工房燦光
DTP　株式会社エストール
Printing　株式会社厚徳社

● 本書へのご意見ご感想は下記からご送信いただけます。
http://www.d21.co.jp/inquiry/

ISBN978-4-7993-2486-8